打爆

个人品牌实战手册

孔蓓　查克◎著

台海出版社

图书在版编目（CIP）数据

打爆：个人品牌实战手册 / 孔蓓，查克著 . -- 北京：台海出版社，2023.5（2024.1 重印）

ISBN 978-7-5168-3554-8

Ⅰ . ①打 … Ⅱ . ①孔 … ②查 … Ⅲ . ①市场营销 Ⅳ . ① F713.50

中国国家版本馆 CIP 数据核字（2023）第 079461 号

打爆：个人品牌实战手册

著　　者：孔蓓　查克

出 版 人：蔡　旭　　封面设计：异一设计
责任编辑：赵旭雯

出版发行：台海出版社
地　　址：北京市东城区景山东街 20 号　邮政编码：100009
电　　话：010-64041652（发行，邮购）
传　　真：010-84045799（总编室）
网　　址：www.taimeng.org.cn/thcbs/default.htm
E-mail：thcbs@126.com

经　　销：全国各地新华书店
印　　刷：三河市嘉科万达彩色印刷有限公司
本书如有破损、缺页、装订错误，请与本社联系调换

开　　本：710 毫米 ×1000 毫米　1/16
字　　数：200 千字　　印　　张：18
版　　次：2023 年 5 月第 1 版　　印　　次：2024 年 1 月第 4 次印刷
书　　号：ISBN 978-7-5168-3554-8

定　　价：69.80 元

推荐序

2021 年 11 月，我有幸结识了孔蓓。

说“有幸”，不是客套，而是真的很幸运。

2022 年 4 月，我发布了自己的第三个收费专栏，孔蓓毫不犹豫地前来助阵帮我宣传，并展示了她惊人的营销实力，一个人迅速销售了 300 多份，成为我们社群中的杰出贡献人物。

最近一年多时间里，她屡屡用非常得体的方式给我提供高明的建议，帮助我对产品进行不断的迭代。

你说，我是不是很幸运？

这一次，孔蓓邀请我为她和查克的新书作序，我很高兴。

关于这本书，我写了 5 句话，供各位读者朋友参考。

1. 我跟二位作者打过交道，深知他们是非常可信的人。

2. 他们的理论功底深厚，实战经验丰富，是真正的营销高手。

3. 读了他们的书稿，我感到很惊喜，作为资深同行，我收获巨大。

4. 这本书非常易懂，里面的方法可操作性极强，一看就能懂，读完就能用。

5. 书中不仅有很多“可以帮你赚更多钱”的商业点子，还有很多“可以让你变得更强大”的成长智慧。

最后，我补充一句：如果你能成为孔蓓和查克的客户或学员，那么恭喜你，你很幸运！

剽悍一只猫

2023 年 5 月 25 日于上海

自序

在连续十几个小时的奋战之后，我终于向团队伙伴们宣布：“我们的交付体系正式升级完成了！”当我沉浸在这收获的喜悦中，看着欢欣雀跃的伙伴们相互拥抱、祝贺时，我猛然想起，我的新书序言还没写呢，编辑已经催了我好几天了。

其实，不仅是这一次，每次体系的迭代和升级都是一场自我革命。这个过程会很辛苦，但我却乐此不疲，内心一点也不觉得累，反而感觉被滋养着。自从我开始打造个人品牌并独立创业后，我几乎每天都保持着近乎完全忘我的心流状态。确切地说，这种心流状态是在 2020 年的春节后成为我的生活常态的……

2020 年初，可以说是我人生的至暗时刻。因为疫情，我所有的线下活动被迫停止，收入断崖式下降。我陷入了深深的迷茫，觉得自己虽有一身才华，但是不知道该往哪里发力；我的内心也特别焦虑，想想自己年龄已过 40 岁，不知道还能否发挥自我价值……

每当我迷茫的时候，我都会去学习，去看看外面的世界，当我付费百万进入各个创业的圈子时，我突然发现了一种新的创业模式。

这种新的创业模式，不需要创业者投入太多的创业资金，创业者只需要挖掘自己的优势，把优势设计成可变现的产品，就能开启创业之路。创业者只需要做自己热爱的事情，就能拥有自由选择生活方式的能力，而且通过这个模式创业，一年获得的纯利润甚至可能超过很多创业多年的传统行业的老板的收入！

这个发现，如黑暗中照进来的一束光，让我看到了希望。我把这群人称为——个人品牌轻创业者，后来我也成为其中一员。因为多年积累的好口碑，我拥有自己的个人影响力，凭借过去20多年的营销、管理等方面的积累，我很快就在线上通过打造个人品牌取得了“耀眼”的成绩：

9 个月创收 100 万元；

3 年累计营收超过 8 位数；

成功打造了近百位学员的超级案例；

帮助很多人挖掘到自己独一无二的优势，使他们通过打造个人品牌的方式，将优势形成商业闭环，开启了人生新篇章。

个人品牌的影响力不仅给我的事业带来了好运，还帮助我在 14 天内快速脱单，成功找到了我的灵魂伴侣查克，他也是本书的联合作者。

更重要的是，在这个过程中，我的幸福指数直线上升。我找到了自己的人生大志，收获了火箭式的成长，拥有了说走就走的自由，我特别享受自己现在的生命状态。

我是孔子第七十七代的后人，以前只因此觉得荣耀，而当我开启了全新的生命状态后，我终于找到了自己的使命，那就是像我的祖先孔子一样传道、授业、解惑。

于是我研发了线上、线下的课程，为学员提供一对一的深度辅导，我用自己总结的方法，帮助很多人同我一样成功打造了个人品牌，帮助他们更好地绽放自己生命的精彩。

但其实，从 2020 年开始打造个人品牌到现在收获满满，我经历了太多太多：从不知道如何定位、不知道如何迈开第一步，到如今可以给学员们设计百万到千万营收的商业模式，并给出落地的商业发展战略地图；从开始的一对一销售，到现在的批量化成交；从一开始保姆式地辅导学员，心很累但效果一般，到现在懂得教练和启发式地轻松带领学员做出好成绩；从一开始凡事都亲力亲为，到逐步实现团队自动化运作……

可以说，个人品牌轻创业的每一个环节，都是我实打实摸索过来的，我的经验是非常丰富的、与时俱进的。而且我通常立足于学员本身，只教学员能够做到并且擅长的内容，所以我的学员出结果率很高。

当我看到越来越多的人因我而改变时，高兴之余，我也会一遍一遍地问自己：我所拥有的这么有限的时间和精力，要如何做才能帮到更多的人？如何才能让更多的人低成本受益呢？

抱着这样的初心，我将自己 20 多年来成功的实战经验都写在了这本书里，由于我太想把所有自己践行过的方法都分享给读者了，所以尽管我前后把书稿修改了 100 多遍，编辑还是觉得我的书太过于“干”了。

这或许就是这本书最大的一个“缺点”——干货太多，很多只分享给我 10 万元商业私塾学员的干货内容，我在书中也毫无保留地分享给我的读者们。相信我，只要你翻开这本书，哪怕只读一个章节，你也一定会有所收获。

在这本书里，我没有教你快速涨粉百万的公式，也没有分享给你可以立即赚钱的技巧，更没有倡导你快速暴富。相反，我会带你打造扎实的基本功，给你一套系统打造个人品牌的方法论。我提倡不贪多、不求快，一步一步稳扎稳打，做知行合一的真实 IP。我认为只有这样的个人品牌之路，才能走得更远。

不论你是上班族还是全职宝妈，不论你的性格是内向还是外向，不论你的社交圈有多大、是否会营销，也不论你是否有一技之长，你都可以在这本书中找到快速提升自己的方法，不断进行自我探索，开启自己的心流状态。

这本书你可以从头读到尾，也可以在看完目录后，选择自己当下需要的部分先读。因为在这本书中，打造个人品牌的所有方法都有涉及，我在书中会告诉你劲要往哪里使、要避开哪些坑，才能让你在打造个人品牌的路上少走弯路。

而且我也相信，当你开始读这本书时，你就能理解为什么我在工作时会有我在开篇时讲的那种忘我的心流状态了。

我始终坚信，每个人都是一座宝藏，而你手中的这本书，就能帮你挖掘独属于你的宝藏。

赶紧开始看吧！

目录

前言 / 001

专业力 / 007

成为专家比你想象的要简单 / 011

新人如何在一个全新领域快速入门 / 013

入门后如何快速取得成果 / 016

如何成为一个专业能力很强的高手 / 023

销售力 / 029

销售的底层逻辑是什么 / 033

提高销售力需要打通金钱卡点 / 035

4 招让你成为销售高手 / 043

销售高手的终极心法 / 051

03

表达力 / 053

表达力不只是能说会写 / 056

两个创作素材来源和一个万能表达公式 / 059

一个公式让对方更愿意行动 / 069

提升表达力的核心秘籍 / 073

04

连接力 / 077

连接力助力我们成为受欢迎的人 / 082

7-30-120 表格让你精准管理贵人 / 091

如何把陌生关系推进到深关系 / 095

连接力是一辈子的功课 / 100

05

行动力 / 105

行动力是什么 / 108

阻碍你行动的三只拦路虎 / 110

如何提高行动力 / 114

不做什么比做什么更重要 / 119

定位体系 / 125

定位的三个阶段 / 129
常见的定位模式和怎样精准定位 / 134
找不到完美定位，先从好定位开始 / 146

产品体系 / 153

其实你有很多产品可以卖 / 158
怎样设计出好产品 / 161
三种混搭方式让你的产品种类增加三倍 / 172
打造爆款产品的六步曲 / 180

引流传播体系 / 185

引流传播体系的构建 / 188
如何突破传播前的心态卡点 / 195
哪些传播平台适合普通人 / 199
引流传播的核武器：品牌营销大事件 / 212
营销大事件的流程 / 214

09

成交体系 / 217

一对一私聊：大单成交的关键 / 220

朋友圈：打造自动成交力 / 228

社群成交：10 倍放大成交力 / 235

直播间成交：人人都可以做带货主播 / 240

10

交付体系 / 247

什么是 10 倍价值交付 / 250

如何开始做交付 / 255

标准化交付 / 260

交付的最高境界是用生命影响生命 / 265

后记 / 275

前言

很多人看到“个人品牌”这四个字时，会觉得和自己无关，认为只有自由职业者或者想做副业的人，才需要打造个人品牌。如果你就是这么想的话，那你可能就要跟这本书中对你有帮助的内容失之交臂了，其实打造个人品牌跟每一个人都有关，尤其跟你自己有关。

为什么我会这么说呢？在过去的 3 年里，我深度辅导了 100 多位私教学员，总结出了 5 点心得，它们可能会颠覆你对个人品牌的认知。

1. 每个人都是一座宝藏，你的宝藏可能藏在你过去的至暗时刻中，也可能是你多年积累的人脉网络，还可能是某一项你所拥有的自己觉得很普通但却很具备商业价值的能力。记住：千万不要给自己设限。

2. 你不需要等到自己的专业能力非常强之后，才开启个人品牌之路。即使你的专业能力只有 50 分，你也可以帮助 49 分以下的人群。在为别人解决实际问题的过程中，你的专业能力所获得的提升才是最快的。

3. 你不需要等拥有了特别大的粉丝量，才能年入百万，只要你有高价值定位、高客单价产品，具备高段位成交的能力，少量精准粉丝就能创造超高利润。

4. 你不需要花特别多的时间精力，同一时间又写文案，又拍短视频，又做直播等，你只需要在每个阶段做你最擅长、最能取得效果的动作。

5. 比起“术”，你反而更需要修炼你的内心，创业路上 95% 的人之所以会失败，不是因为硬件条件不够，而是因为心力不足。

打造个人品牌是一个自我探索、自我销售以及自我实现的过程。自我探索的结果就是寻找并不断放大你的差异化优势，而自我销售以及自我实现最直接的体现就是通过有效传播，持续放大个人影响力，从而实现自我价值以及财富的倍增。

我将分两个部分向大家介绍个人品牌，第一部分是个人品牌成事公式，这是我原创的个人品牌成事模型；第二部分是孔蓓个人品牌黄金圈，这已经经过我们团队的不断打磨和升级，进入 2.0 版本，在这套体系的作用下，你可以快速地掌握打造个人品牌的底层逻辑。

个人品牌成事公式

可能你会好奇，到底什么样的人打造个人品牌更容易成功呢？通过 2000 多个咨询、几百个深度辅导，我提炼出了一个个人品牌成事公式。在本书的上篇，我将详细地为大家介绍这个成事公式中的核心要素：专业力、销售力、表达力、连接力、行动力。感兴趣的小伙伴可以用该公式做一个自我评估，看看自己目前的基础如何。

个人品牌成事公式 =（专业力 + 销售力 + 表达力 + 连接力）× 行动力

- 专业力：在这个领域中的专业度，解决实际问题的能力。
- 销售力：营销意识，把产品和服务销售出去的能力。
- 表达力：内容创作的能力，分享和写作的能力。
- 连接力：与他人产生连接、拓展人脉的能力。
- 行动力：落地执行、推动进展的能力。

专业力、销售力、表达力、连接力这 4 项能力是相互补充的，我们不需要 4 项能力都具备，只需要把自己擅长的能力发挥到极致，就能成事！

看到这里，你是不是稍微有了一点信心，原来有短板也可以打造个人品牌。当然我也要提醒你，如果你的某项短板太“短”了，阻碍了你发挥优势，那么你还是需要把短板提升一下的。而且这些能力是各行各业都需要的底层核心能力，如果能把它们再提升一下，不仅对于你打造个人品牌，对于人生各方面的发展都有极大帮助，还会让你拥有“成事体质”。

孔蓓个人品牌黄金圈

在本书的下篇，我将具体介绍孔蓓个人品牌黄金圈。在我看来，个人品牌打造不是某几个动作，而是一整套体系。结合我的个人实践和我辅导学员的经验总结，我研发了“孔蓓个人品牌黄金圈”，目前已经升级到 2.0 版本了，我也为此申请了知识产权保护。

这个体系主要包括三圈：内圈是“人”，中间圈是“产品、定位、专业”，外圈是“交付、成交和传播”。

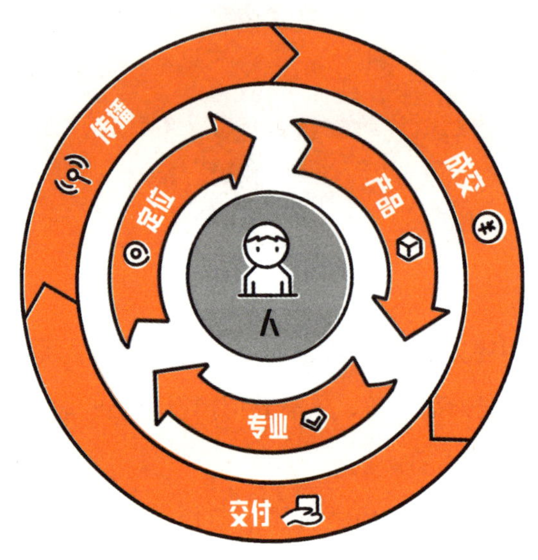

▲ 孔蓓个人品牌黄金圈

之所以将“人”定为内圈，是因为人是打造个人品牌的核心，也是地基，在整个体系建设中至关重要。只有先学会做人，才能更好地做事。

我很喜欢梁启超先生关于教育的说法，他认为教育的最终目的，不是单纯地给学生灌输知识，而是要教学生学会做人。我在辅导学员打造个人品牌的时候，也会非常注重这方面。当然做人不是学技能，很难一次性就达到一个怎样的高度，但我会特别引导学员重视这个问题。

中间圈的定位是可以通过学习或者挖掘找到的，当你有了明确的定位后，你就能打造自己的产品矩阵，并且通过学习和实践提升自己的专业能力，这都是中间圈的内容。这部分完成以后，你才能进入外圈进行传播、成交和交付。

其中内圈的“人”、中间圈的“定位、专业和产品”，都是你自己可以全部完成的，而外圈就需要你和其他人产生关联。比如传播，我们需要有传播对象，成交需要有成交对象，交付不仅需要有交付对象，还需要组建服务团队。

同时，内圈、中间圈和外圈各个元素之间，不仅密不可分，也能相互促进。内圈的基础越扎实，中间圈和外圈的体系就会越完善，运转起来就会越轻松。中间圈的定位越清晰，越有利于外圈的传播，也会直接影响成交的效果。当然，外圈的传播、成交和交付做得好，也会带动中间圈的不断迭代和升级。

在互联网时代，建设好个人品牌，要比找到一份工作更重要。汤姆·彼得斯说：“21 世纪的工作生存法则就是建立个人品牌。”然而打造个人品牌，不是一蹴而就的，这是一个不断学习和积累的过程，也是一个需要系统管理、不断推广和传播的过程。希望我能够通过以下章节，给大家提供更丰富的创建个人品牌的方式，帮助大家提高各项能力，拥有个人品牌核心竞争力，通过打造个人品牌实现自我价值以及财富的倍增！

01
专业力

“能不能有点专业精神？”这句话是周星驰的电影《喜剧之王》中的一句经典台词，我特别喜欢，这也是我经常对学员说的一句话。在我看来，专业力是我们打造个人品牌的地基。只要方法对了，人人都能成为专家。个人品牌的含金量就藏在你的专业力里。

那专业力对于打造个人品牌和提高影响力到底有什么作用呢？先来做个小调查。

如果有这样两家餐厅供你选择，你会选择去哪一家餐厅吃饭呢？

A：寂寂无闻的路边小店，装修普通，但店里有几道特色菜特别好吃。

B：名声大噪的连锁店，开在高档商区，装修豪华，还经常免费赠送优惠券，但菜的口味一般。

我会选择第一家。因为对于一家餐厅来说，饭菜好吃是最重要的（如果你要请女朋友吃饭就另当别论）。在我看来，菜品就是一家餐厅专业力的体现。作为一家餐厅，人们可能会被它的名气、特色装修等所吸引，继而来餐厅体验，但有好吃的菜才能使它长久地吸引顾客。现在一些网红餐厅花很多心思在餐厅氛围的布置上，花很多钱做营销、打广告，却不太注重菜品设计，很多慕名而来的顾客尝完鲜后就不再光顾了，以致餐厅没有回头客。反而是那些有特色菜的饭店，顾客们一段时间不去吃就会惦记，还不忘口口相传，因而有了源源不断的顾客。

由此可见，专业力对一家企业能否长久经营有着十分重要的作用，对打造个人品牌亦是如此。

那到底什么是专业力？就个人品牌而言，专业力就是个人在某一个领域为他人解决问题的能力，如程序员的编程能力，老师的授课能力，销售员的销售能力。

各行各业都是专业能力越强的人，收费越高。同样写个人品牌故事，专业的老师收费高达几万元一篇，而普通老师一篇稿件的收费只有几百元；同样教授瑜伽，专业力强的私教老师收费是普通老师的几倍甚至几十倍。而且往往你会发现，收费越高的人，生意反而越好，这是为什么？因为不可替代！专业能力一般的人可替代性太强，当你越专业，你就越稀缺。专家就是赢家，个人品牌的含金量就藏在你的专业力里。

迄今为止，我涉足的行业有科技行业、金融行业、直销行业以及知识付费领域。除了一些可以平移的能力外，每进入一个新的领域，我都需要重新学习。我从头开始学习销售，从零开始成为讲师，甚至自己研究如何做新媒体，但我每一次都能够很快速地成为这个领域的专家。这不仅仅源于经验的积累，更多在于我能够在短期内快速突破和掌握新领域的专业知识。

而我也越来越发现，这项能力在这个瞬息万变的时代里，真是太重要了！所以我将自己践行有效的，能够迅速成为专家的方法论总结出来分享给你，相信你掌握后，也能像我一样拥有快速成为一个新领域中的专家的能力。

成为专家比你想象的要简单

建立个人品牌的第一步就是让自己在特定的行业内成为一名专家。专家是行业内的专业人才，其专业能力就同行来说，没有可比性和雷同性。而且，在打造个人品牌的过程中容易呈现马太效应，即强者愈强，专业能力强的人能够带给大家正向的认知，这不仅有利于其个人品牌的宣传，还能增进互动、增强反馈，吸引更多优秀的人参与进来。

然而，很多人听到“专家”就觉得很遥远，认为只有很厉害的人才能成为专家。经常有学员会问我：“我是纯‘小白’，怎么才能拥有专业力，成为专家呢？”“我在这个领域也算有了一些积累，但这距离有专业力、成为专家还是很遥远啊！”

其实这都是源于大家对“专家”一词的误解，我在开篇就说了什么是专家，只要你在某个行业积攒了丰富的工作经验，或者擅长某项技术，对某一门学问有深入研究，你就能成为专家。那么，成为一个专家到底难不难呢？来看看这两位专家是如何诞生的。

有一位日本作者，因为看不惯家里乱糟糟的，她从小就琢磨着怎么样扔东西才能让家里更整洁舒适。长此以往，她越来越擅长“扔东西”，不仅扔外在物品，还扔掉了许多心里的杂念，靠“扔”这个一技之长，开辟了一个前无古人的职业“杂物管理咨询师”，影响了亿万女性。她就是风靡全球的《断舍离》一书的作者山下英子。

还有一位年轻人，从小性格比较内向，喜欢读书，他每每读完书就想写点感想，但发现自己打字的速度跟不上他的大脑转速，于是他开始琢磨怎么用好“讯飞语音输入”这个软件，用讲的方式来写作。之后他靠“语音写作”这个小得不能再小的技能，开创了一种全新的写作方法，帮助近万人达到每小时一万字的写作速度，他就是“语写”的创始人剑飞（本书的大部分内容也是靠这种语写的方式写出来的）。

发现了吗？成为专家远比你想象的要简单。你不需要懂很多，关键是要开始行动。先找到一个自己喜欢的细分领域，从一个小点开始学习、研究，例如前文提到的两位专家，一个是从琢磨如何扔东西开始的，一个是从研究如何用好讯飞语音输入法开始的，这都是非常细分的点。找到这个点，持续学习、研究一段时间后，你就会发现在这个方面，你做得比一部分人更快、更好、更高效。只要你持续钻研，你就会超过更多人，只要你不停止钻研，终有一天你会发现在这个领域，你的专业力已经超越绝大多数人了。只要你把自己做得又快又好的原因提炼总结成一套方法，来帮助别人做得更好，你就是这个领域的专家了。

当然，专家并不是一蹴而就的，也是一步步成长起来的。我将从新人到高手的成长之路分为三个阶段，每个阶段的成长重点都有所不同，接下来我会一一为大家进行介绍。大家在阅读的过程中，可以根据自己的情况进行对照，找到自己当下应该做的事情，了解未来还有哪些路要走，对自己做一个全新的规划。

新人如何在一个全新领域快速入门

人们在进入一个全新的领域时，起初都会比较茫然，再加上如今几乎每个领域的信息量都很大，需要学习的内容都很多，那么到底应该如何学习才能快速上手呢？我总结了 3 个关键点。

对这个领域做全面的研究

每个领域都有其门道，这里面博大精深，流派众多，但未必每个流派都适合你。所以刚进入一个新领域的时候，你需要先对其有一个全面的了解，然后再决定要进入哪个流派，跟随哪个老师学习，这样可以少走弯路。

我以心理学这样一个流派众多的学科为例。最初我学心理学的时候，因为没有做全局研究，在朋友的推荐下报了一门课程就开始学习了，学完初阶后，就继续学中阶、高阶，越学越觉得自己知之甚少，越学越觉得自己需要继续深造。结果在这个流派深入学习心理学三年，学费也花了不少后，我却发现，这个流派不是我想要的。幸好我及时刹车，对心理学领域做了一个全面的研究，搞清楚了心理学有哪些主要流派，每个流派的核心观点是什么，以及各个流派分别解决什么问题，最后我选择了最适合我的一个心理学流派持续学习。

所以，在进入一个全新领域的时候，一定要花一些时间全面了解一下整个行业的情况，包括但不限于这个行业的发展史、学科的主要流派、关键人物、主要观点，如果有条件，最好能请教一下该行业的前辈。做完这些研究后，你再来决定你要选择哪个细分领域，这样有利于你做出最合理的选择，避免走弯路。

快速掌握这个领域的最少必要知识

李笑来在《财富自由之路》中说过这样一句话：学任何东西，想要“速成”从来都是妄想，但是用来起步的那一点“最少必要知识”不仅是可以迅速获得的，也是必须迅速获得的。的确如此，以学写文案为例，其要学会的最少必要知识就是：好文案的标准是什么，写文案的步骤是什么。了解了这两点，你就可以动笔进行实操了，然后边写边提升自己的专业力。

那如何最快速地掌握一个领域的最少必要知识呢？推荐三种方法，以下三种方法你可以任选其一，或搭配组合使用。

1. 精读 1 ~ 3 本该领域的经典书籍

反复阅读这些书籍，哪怕不理解也没有关系，但要在整体上对你的所选领域有所理解。那么要选哪些书呢？很简单，可以到网上搜索关键词，寻找评分和排名较高的书籍。如果能找到阅读书籍的共读群，与一群志同道合的小伙伴一起学习就更好了。

2. 参加一门口碑较好的入门课程

最好是选择训练营的形式。这一形式的培训课程有老师亲自带领，有作业、答疑等环节，对新人更友好。

3. 找一位合适的老师

这一方法尤其对技能性、实操性强的领域十分有必要，例如中医针灸、彩妆、健身等行业。这样可以让你近距离观摩老师是怎么做的，还能让你及时得到老师的反馈和点评。

逐一攻克各项基本功

进入一个新领域，就意味着有很多新的基本功需要解锁。最快解锁基本功的办法，不是同一时间内学习很多项能力，而是一段时间集中火力猛攻一项能力，掌握一项本领后再逐一突破。一个新手厨师要训练刀工，第一步会练习切胡萝卜，直到切出的每一块都是一厘米的正方体胡萝卜块；之后再练习蔬菜、肉类切丝；切丝过关后，再训练去鱼骨、鱼肉切片、滑刀等。

打造个人品牌同样需要掌握很多基本功，例如文案写作能力、销售能力、咨询能力、短视频创作能力、直播能力等，有的人一上来就眉毛胡子一把抓，什么都学，结果把自己搞得焦头烂额，还什么都没学好。所以，我经常带领我的私教学员们每个月用 10 天集中火力突破一项基本功，效果显而易见，10 天后，每个学员在所学基本功方面的能力都有明显提升。一旦你掌握了短时间内攻克一项基本功的方法，你就有信心攻克第二项、第三项，不知不觉中，你就入门了。

怎么样？读到这里你是不是对快速入门有信心了？接下来我们就来看看，入门之后又该如何才能更快速地取得成果。

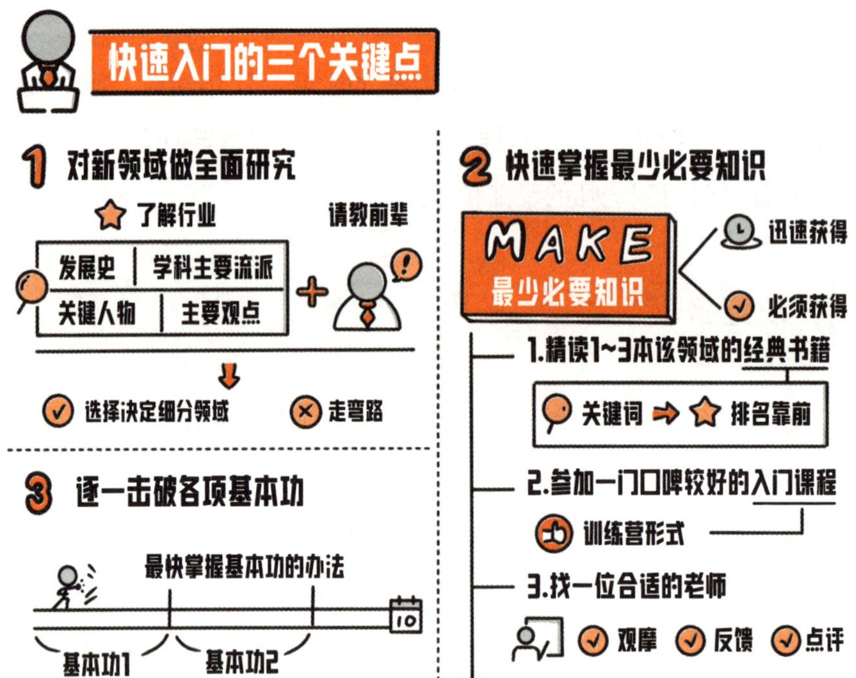

入门后如何快速取得成果

在掌握了初入一个领域需要掌握的最少必要知识后，只要持续做到以下 3 步，你就能持续精进，快速收获成果。

大量实操提升专业基本功

在这一阶段中，除了继续学习理论知识外，最重要的就是进行大量实操。我刚开始做个人品牌顾问时，每天至少会完成 3 次关于个人品牌的咨询，一年下来做了 1000 多次咨询，这对我的专业能力提升帮助极大。因为每次咨询都是在解决实际问题。当遇到自己暂时还解决不了的问题时，我就会带着问题去查阅书籍资料，请教老师或业内高手。这种带着目标的学习是非常高效的，而且可以帮我快速把知识内化成自己的能力。

如果暂时还无法独立进行实操，可以尽量争取做老师的助教，参与实操中的某一个小环节。有一位中医学员曾跟我分享，她在学中医初期，只要师父有病人，她就一定会站在师父身边，观察病人的面色、舌苔，认真听病人讲述病情；在师父开药方时，她也会拿出笔来试着自己开药方，再跟师父的药方做对比，然后琢磨师父为什么会这么用药，遇到不懂的就及时请教师父。因为她每天都用心实操，所以她成了同批学员中专业水平进步最快的一个。

精准进步

高手跟普通人之间的区别，往往体现在一些细节上。而想要在细节上提升自己，最好的方式就是请教练。在这个阶段中，教练的作用非常重要，如果只是自己练习，没有人给你反馈，你的成长速度就会较慢。高手都是被教练一个动作一个动作地纠正，一个环节一个环节地训练出来的。所以，请一个专业的老师，及时给你的每个细节做出点评，能帮助你做到精准进步。

1. 拆解细分

任何一项工作都是由无数小环节串联起来的，想要精准进步，首先要拆解工作步骤，细化工作流程，要将每一步尽力做到最好。

2021 年春节期间，我通过 16 场持续直播，突破了自己的直播成交能力。我是这样做的：每次直播，我会把一场直播拆解为直播间的场观人数、平均停留时长、新增加到朋友圈的人数以及直播间成交的金额这 4 个关键指标。然后再针对每个指标进行具体研究和拆解，研究如何提升这个指标，有哪些动作会影响这个指标；然后再进一步拆解，直到细化到我有办法精准解决。

例如，我把直接影响直播间场观的一个指标——预约人数，拆解为 8 个可以增加预约人数的细节：

- 直播的主题如何定得有吸引力？
- 直播海报如何设计得别人一看就想预约？
- 如何让更多人愿意转发直播海报？
- 朋友圈文案怎么写能更吸引人来预约？
- 如何通过短视频拉动预约？
- 如何通过社群拉动预约？
- 如何通过公众号拉动预约？
- 如何在直播间里让更多人直接预约下一场直播？

通过这一拆解，我可以从这 8 个细节来进行实操，每个细节步骤只要进步哪怕 10%，8 项叠加起来，是不是就能取得显著进步？下图就是我使用这种方法做了 4 次直播的数据，每天都能看到进步，16 天下来，我的整体直播数据取得了跨越式增长。

直播已结束
直播时长 02:13:28
直播数据
737人
观众总数
98人
最高在线
16分42秒
平均观看
2.1万
喝彩次数
32人
新增关注 >
1556
总热度 >
2022/1/26
孔蓓直播记录
直播已结束
直播时长 02:37:12
直播数据
808人
观众总数
83人
最高在线
13分38秒
平均观看
2.0万
喝彩次数
32人
新增关注 >
7742
总热度 >
2022/1/27
孔蓓直播记录
直播已结束
直播时长 02:44:04
直播数据
1046人
观众总数
118人
最高在线
15分43秒
平均观看
1.7万
喝彩次数
42人
新增关注 >
6846
总热度 >
2022/1/28
孔蓓直播记录
直播已结束
直播时长 03:14:30
直播数据
1284人
观众总数
104人
最高在线
12分22秒
平均观看
3.5万
喝彩次数
42人
新增关注 >
3749
总热度 >
2022/1/29
孔蓓直播记录

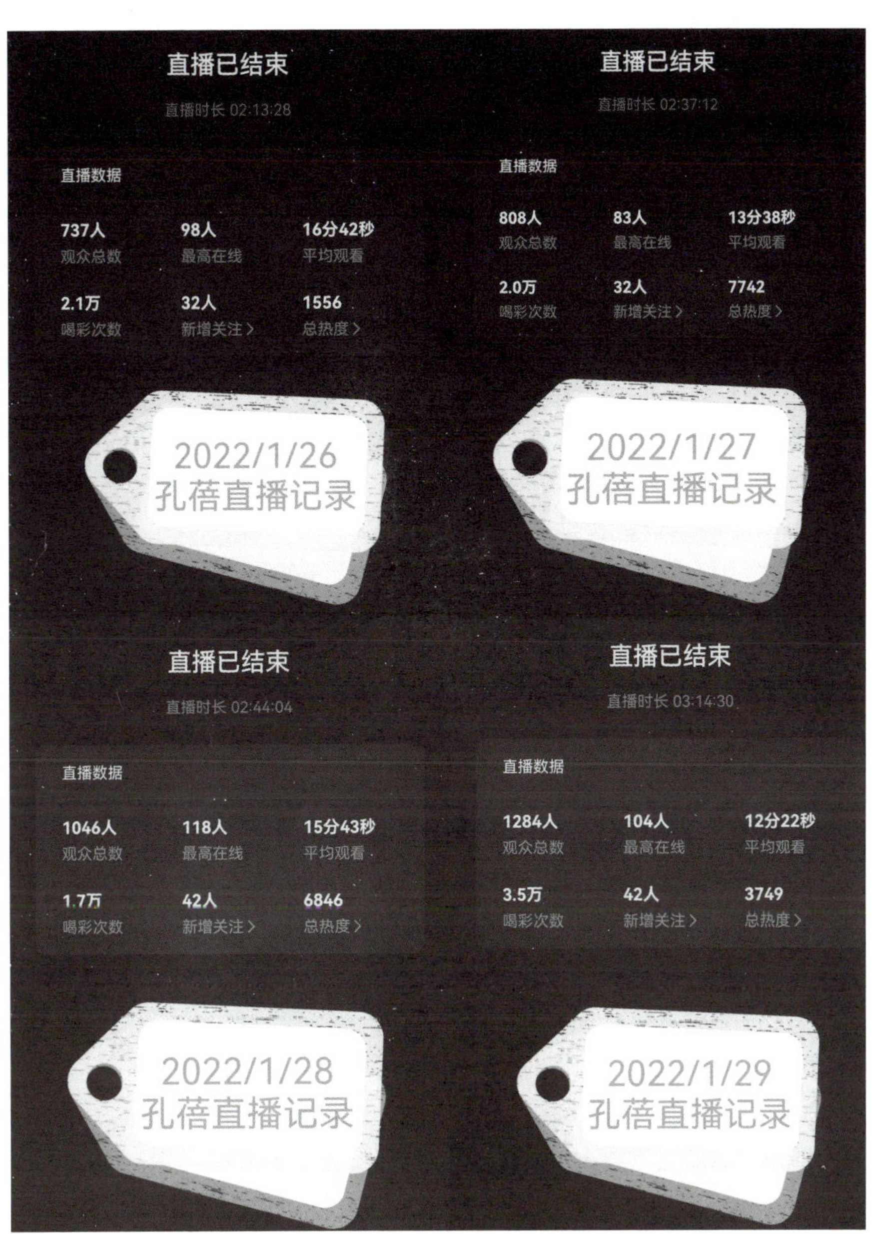

▲ 孔蓓直播记录

2. 教练反馈

万维钢在《学习究竟是什么》一书中指出，现在老师最大的作用就是提供及时的反馈。他在书中提到这样一个例子，美国最具传奇色彩的大学篮球教练约翰·伍登，最常用的方法就是训练三段论：演示一遍正确动作，表演一遍错误动作，再演示一遍正确动作。这样做就可以随时纠正运动员的动作，避免其把错误动作变成习惯。

大多数人都有认知盲区，不明白自己不知道什么，也无法对未完善的步骤做进一步的拆解，更不知道如何提升每一个细节，这时教练的重要作用就显现出来了。

举一个我自己的学员的案例。

我把如何做一对一咨询成交，拆解为 10 大步骤（本书第九章成交篇里有详细的 10 大步骤），总结了很多细节和门道。我有一位学员在掌握了基本步骤和咨询方法后，把她跟每个客户的对话记录下来，每积累 10 个案例就来找我做复盘。我会根据她的描述，指出她哪里的话术可以优化，哪些做法可以改进，哪些步骤她遗漏了，在细节上一点一点帮助她进行优化。在我给她点评后，她会再练习 10 个案例，再来找我复盘。这样进行了三轮，不到一个月的时间，她的一对一咨询成交率就从 30% 提升到了 60% 以上，她甚至做到了首次做咨询能成交过万元。

在我每个月的“匠心计划”中，我也会一遍一遍抠细节，甚至一个简单的一分钟自我介绍，我都可以将其拆解为三个步骤，然后一个步骤一个步骤地逐步优化。这个方法可以解决很多问题，你也尝试起来吧！

如果暂时还没有找到合适的教练怎么办？不要为难，你完全可以自己做教练，以直播为例，你可以把自己每一次的直播录下来，把自己当作粉丝甚至是“黑粉”，来寻找其中可能存在的问题。你也可以把自己的咨询过程录下来，第二天回听，把自己当作客户，如果有某个问题或者某句话，自己作为客户听了都不舒服，那么下次就要改正。相信我，用这个方法，你仅靠自己也能取得巨大的进步。

不断积累高难度的成功案例

在这一阶段的实操中，你要尽量走出舒适区，解决难度更高的问题，多积累成功案例。如果只在熟悉的舒适圈内行动，你的专业能力就很难得到提升。同时，积累成功案例会为你带来更多更高质量的客户，在服务这些客户的过程中，你的专业力也会得到更大的提升。

那具体要挑战哪些高难度的客户，使其成为自己的成功案例呢？那就是选择服务的难度和复杂度都要跳出你现在的舒适圈的客户。我总结了以下两类。

1. 能够给你增加背书的客户

具体来说，就是在你的客户群体中特别具有代表性，在行业内有影响力的客户。服务这种客户，打造超级案例，会让你更容易获得行业内其他客户的信任。

2. 你还没有服务过但是计划要进军的行业的客户

在服务这个新行业客户的过程中，你就能了解这个行业的客户的特点和需求，从一个客户那里积累成功经验，未来可以服务更多该行业的客户。

当然，有人会担心自己不会做或服务不好，因而不敢挑战高难度的客户，其实大可不必。我和大家分享一个我的秘密武器，那就是——学会借力思维。

你不会，不意味着没有人会，所以这类客户你大可以大胆去接待。接到以后，你可以去查找同类成功案例，学习别人的方法，因地制宜，用在自己的客户身上。还有两个更好用的方法：第一个方法就是付费请教更专业的人，不懂就学，学会了就落地实践；第二个方法就是直接邀请专家参与项目，你付费给专家，这样你也有机会在实践中跟着专家学习。

在服务有挑战性的客户的过程中，成长比赚钱更重要。项目可以不赚钱，甚至倒贴钱，但在这其中，你会赚到能力、经验和好的背书。这三样东西能帮助你在日后赚到更多钱。

服务有挑战性的客户，是倒逼自己成长的最佳路径。

我至今都非常感谢我接手的第一个B端客户，当时对方提出了各种超越我们团队当时的专业能力的要求。服务期间，我们几乎每天都被客户“虐”，常常会在公开会议上被客户严厉批评，很多次我都想退钱给对方，与其终止合作。但想想如果真的这样做了，那我们的能力就永远提升不了，于是我果断决定付费请更专业的专家一起来做这个项目。虽然我们的这个项目最终收取的服务费都不够用来支付聘请专家的咨询费，甚至还倒贴了好几万，但也正是因为这次经历，我们团队的专业能力大大提升了，再服务C端客户的时候就感觉特别轻松。而且因为有了这个超级案例，我们团队也成功吸引了很多B端客户。

有了解决问题的办法，入门是不是也超级简单？接下来我们继续看，如何持续成为一个专业能力“很牛”的高手。

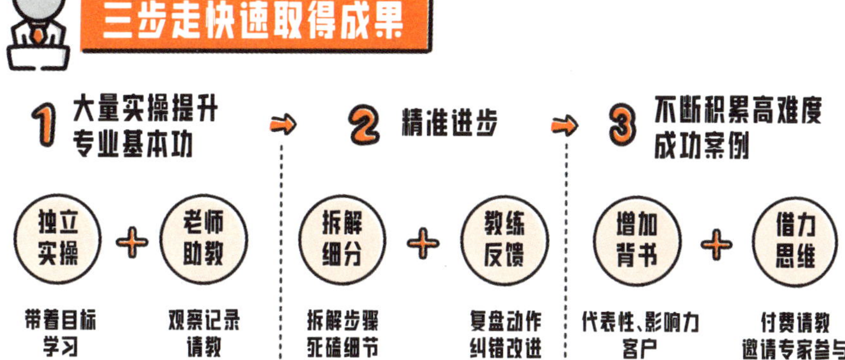

如何成为一个专业能力很强的高手

进入一个领域，大部分人都可以入门，一部分人可以达到优秀水平，而只有少部分人才能成为真正的高手。那么如何让自己成为专业能力很强的高手，并且持续保持精进呢？我总结了三个方法。

从实践中提炼自己的方法论

为何一定要提炼自己的方法论？因为你只有通过不断分享、写文章、打磨课程或者写书来提炼和总结自己的实践经验，才能将这些经验总结汇集成自己的理论体系，这是一位高手的标配。而且这一提炼方法论的过程，就是你深度思考的过程，只有将实践经验内化成自己的知识，才能发挥其最大的价值。

那具体如何形成自己的方法论呢？我要提供的方法非常简单，就是自己先做到，然后梳理自己是如何做到的，再用这套方法论帮助别人也做到。如果别人也成功了，那就是一套成熟的方法论了。

有一次我在直播间答疑，直播间的小伙伴反馈极好，我也通过答疑环节增加了不少新粉，当场就有几位粉丝在直播间下单购买我的课程。下播后我就开始复盘，这次答疑效果这么好，我是如何做到的？我答疑的步骤是什么？我做了哪些关键动作才会得到好评？如何让我的学员也能高效答疑？我从这些问题中提炼出“答疑四步曲”，当晚就在自己的学员群中进行了分享。这个行为让我把实操经验提炼总结成了自己的方法论。

所以，千万不要觉得提炼自己的方法论特别难，你只要把你做到的事情总结出来就可以了。任何一个你做得比其他人好的地方，都可以提炼出你自己的方法论。例如，如何让孩子戒掉拖拉磨蹭的坏习惯？如何让自己坚持早起？如何 10 分钟做出一份营养早餐？不要觉得这些太简单，范围也太小，有时候一些很小的点，对于不懂的人来说，也会特别实用。所以，不要吝啬你的想法，只要是行之有效的好方法，就勇于分享出来吧。

跨领域学习和随时随地多维度学习

想要成为高手，除了学习本领域内的专业知识，还需要跨领域学习，也要具备随时随地多维度学习的能力。因为有些时候，在某个领域中悬而未决的问题，在另一个领域内可能已经有很成熟的答案了。

以个人品牌为例，这个概念出现才 20 多年，如果仅仅只是在这个领域内学习，那么你所能学到的东西是很有限的。于是就个人品牌方面要解决的问题，我将其拆解并延伸到了值得跨界学习的其他领域：

- 提升个人影响力：涉及心理学、管理学、演讲沟通以及哲学领域。
- 解决流量问题：涉及广告学、营销学、传播学，与企业品牌管理也有相似之处。
- 建立信任感：涉及形象学、心理学、谈判学、政治学、人际关系学。
- 提升成交转化率：涉及销售、成交、消费心理学、经济学等。
- 提升服务：全世界最好的服务行业是酒店行业和航空行业，可以从这两个行业去寻找提升服务的灵感。
- 培养团队：可以向教育、直销、保险、竞技体育、领导力等领域学习，因为这些行业都是在帮助一个人变得更好。

你是不是发现值得跨界学习的领域有很多？当我这样拆解之后，我明白了自己之所以在打造个人品牌方面取得了比较优异的成绩，是因为我本身兴趣广泛，在进入个人品牌领域之前，已经涉猎并深入学习了上述很多领域内的相关知识。我深耕营销领域 20 年，钟爱心理学、成人教育，还做过 8 年一线销售，带过销售团队，这些跨界经验让我在营销、成交、管理、培训和服务等方面都有一定的知识积累。如果大家想对个人品牌有更深的理解，也可以涉猎一下上述领域。

我把跨界学习融入自己的日常工作中。例如，我会定期举办线下或线上的商业沙龙，邀约各行各业的创业者、专家，在小范围内进行深度交流，分享各自的商业经验；定期与各领域的“牛人”约一对一的线上或线下咖啡，每次听别人的跨界分享都会拓展我认知的边界。

学习高维智慧

成为高手的最高阶段就是要学习高维智慧。什么是高维智慧呢？简单来说，高维智慧是指流传千年的经典智慧，例如《论语》《道德经》、阳明心学、佛学或西方哲学中的思想智慧等。智慧和知识不同，知识会随着时代的发展而更新迭代。但智慧却可以穿越历史的长河，启发不同时代的人。

打造个人品牌的高手，都很善于把这些高维智慧跟自己所研究的领域做适度的结合。比如，蔡志忠就把自己的漫画专业与国学相结合，用漫画这种浅显易懂的方式帮助人们读懂诸子百家。随着作品的畅销，他自己也成了深受人们喜爱的超级大 IP。

我是孔子的第七十七代子孙，因此研究《论语》较多一些。无论是在社群做年度分享，还是给我的私教学员授课，我都会结合《论语》，传达一些做人做事的道理。学习《论语》时，我经常能够获得打造个人品牌的灵感，我会将所学所得分享给学员，而学员们对高维智慧都非常渴慕，也特别喜欢我做这样的结合分享。

无论你的定位是什么，只要你能把自己的专业知识跟高维智慧相结合，你就能走得更远。

读到这里，相信你也一定会认为，成为专家并没有你想象的那么难。哪怕是从零开始，只要你相信学习迭代的力量，按照上述几个步骤，一步步成长，一个台阶一个台阶地提升，你就可以成为某一领域的专家。

练一练

- 你目前处于哪个阶段？
- 当下你的提升重点是什么？

三个方法成为专业高手

1 实践中提炼自己的方法论

梳理自己如何做到

方法论

帮助别人做到

＋

2 跨行业学习和随时随地多维度学习

跨界、多维

日常生活中获取

＋

3 学习高维智慧

02 销售力

你觉得自己是一个善于销售的人吗？你觉得销售就是要从别人那里赚钱吗？其实大家普遍对销售存有误解。全美公认的销售天王金克拉有句话我特别认同，他说：只要你能帮助别人得到他们想要的，你就能得到一切你想要的。真正顶级的销售高手，其实都是非常利他的。个人品牌打造亦是如此。

在我的学员中，有两个人形成了鲜明的对比：小 A 的专业能力很强，平时分享专业知识时侃侃而谈，淡定从容，但是一到成交的环节，甚至一想到将要开口谈钱，他就浑身不自在，能量瞬间下降。除非别人主动找他，否则他很难成交客户。小 B 的专业能力没有小 A 强，但他从不因销售而胆怯，也不会因谈钱而不好意思，他发自内心地认同自己的工作，认为别人会因自己的销售工作而获得便利或好处，因此他的销售业绩特别好。

你们猜猜，这两位学员谁的个人品牌势能增长得更快？没错，是小 B。小 B 的销售力推动了他个人品牌势能的全方位提升，那么，为什么销售力在打造个人品牌的过程中如此重要呢？

销售力能够带来信心

打造个人品牌不是一时的，需要在某一领域持续深耕，而能支撑一个人持续走下去的一定是市场的正向反馈，最直接的体现就是变现结果。

如果销售的产品长期无人买单，人就会有很强的挫败感，怀疑“自己不是这块料”，认为“自己做不到”。前面提到的小A就是因为变现效果不好，几度萌生了放弃的想法。而及时变现的小B虽然起初没有太大的信心，但是因为得到了市场的正面反馈，就更有信心继续向前走。

销售力能够助力成长

销售是售后服务的开始，小B在交付服务的过程中，遇到不少超越他专业水平的问题，小B努力寻找答案，在解决问题的过程中，他逐步提升了自己的专业力，靠能力成交了更高价值的客户，这是一个正向循环。

销售力强有助于个人品牌势能快速提升，销售力弱的人则不太善于表现自己的价值。而追根溯源，销售能力弱的底层原因，其实是没有处理好人与金钱的关系，所以接下来，我会告诉你销售的底层逻辑是什么，帮你打通销售卡点，助你成为顶级销售高手。

销售的底层逻辑是什么

说起销售，就一定会提到成交，很多人都认为，销售和成交是一回事。作为一个有着20年销售经验的营销专家，我可以明确地告诉你，销售和成交两者之间是有很大区别的。销售是一个持续“种草”、展示价值的动作，同时也是把自己的价值跟对方的需求相匹配的过程。成交是销售的最后一个环节，成交就代表销售成功了，但成交之后还有更重要的事要做，这一点我在本书第九章中会系统地为你进行讲解。

在我看来，成交这个动作其实是发生在客户内心当中的，每个客户内心中都有一个成交天平。

天平的一端是不解决问题的痛苦和解决问题的好处，另一端是解决问题需要付出的代价。

▲ 成交天平

当客户心中觉得不改变的痛苦和改变的好处相加，大于付出的代价时，成交就发生了，反之成交则不会发生。有时候我们对客户要付出的代价理解得不够深刻，认为客户只需付出金钱代价，其实不然，客户可能还会付出以下这些代价。

1. 时间成本

指顾客要为此花费多少时间，例如客户拒绝购买读书 App 年卡，不是因为价格，而是因为没时间听书。

2. 人情成本

顾客要换供应商时，会考虑自己跟之前的供应商的关系。例如虽然体验感不错，但客户还是拒绝购买一瓶价格不贵的爽肤水，实际原因是她使用的所有护肤品都是她姐姐为她提供的，她不愿意因为一瓶爽肤水影响自己跟姐姐的关系。

3. 风险成本

顾客担心产品在使用过程中会带来风险，例如客户拒绝购买朋友推荐的保健品，实际原因是担心产品的安全性。

4. 麻烦成本

顾客使用该产品麻不麻烦？例如我很喜欢艾灸，但朋友让我买个艾灸盒回家自己做艾灸，我就会觉得特别麻烦，为此我需要点火，要找穴位，还要开窗散味，这样想来，还是花钱去店里做省事儿些。

这就解释了为什么很多时候我们在价格上搞促销，甚至是免费，顾客还是不愿意购买我们的商品，因为对方还需要付出其他代价。所以我们心中时刻要有成交天平的概念，要了解客户的需要，帮助他权衡成交的利弊，只有当客户的成交天平向获得的利益方倾斜时，才是最佳成交时机。

个人品牌的销售也是如此，大家为什么会关注你，为什么会买你的产品？是因为你的产品能够使其付出更小的成本而获得更大的价值。就像金克拉所说，你要站在客户的角度想问题，充分平衡自己与客户的利益，当我们给对方带来的利益大于他付出的成本时，自然会有越来越多的成交量。

提高销售力需要打通金钱卡点

你觉得谈钱难吗？你跟金钱的关系如何？对于很多人来说，销售最难的地方就是开口谈钱，大部分人的销售卡点都是金钱卡点。那你知道金钱卡点背后的原因是什么吗？下面这组自测题可以告诉你答案。在每组的 A 选项和 B 选项之间选择一个你更认同的观点。

A 选项	B 选项
销售是一个伟大的职业	做销售是不体面的
亲兄弟明算账是应该的	开口向熟人收钱很不好意思
敢成交大单	不敢成交大单
我很接纳我自己，觉得自己很好	我经常觉得自己还不够好
我有被讨厌的勇气	我很在意别人怎么看我
我希望做个有钱人	我担心有了钱会很累或不幸福
赚钱可以很轻松	要非常努力才能赚到钱
统计：A 共计 _____	统计：B 共计 _____

只要有一组你选择了 B 选项，就说明你内心是有销售卡点的。那为什么会有那么多人对销售有恐惧和紧张情绪呢？以下面这个案例为例，剖析一下销售卡点背后的深层原因。

小 S 是一位资深老师，帮助过很多学生，平时成交没问题，但每当要成交大单时，他的内心就会感到恐惧，不敢面对，拖延报价，久而久之，失去了很多大生意。他自己也很苦恼，为了帮助他解决这一问题，我与其进行了几次深度沟通，发现了原因所在，大家也可以以此为鉴，看看自己身上有没有这些卡点。

1. 中国传统文化对商业的轻视

中国传统文化历来轻视商业，比如对老师这类职业都是积极正面的评价，而提到商人首先就会想到“利欲熏心”“无商不奸”等负面评价。虽然如今时代已经不同，但很多人在潜意识里依然觉得销售这份职业是不体面的。

小 S 就是一个典型的案例，他家中的历代家训都推崇读书，希望后代好好读书，不要经商。在这样的环境中长大的小 S，潜意识中也会认为“销售”是不体面的，开口向别人要钱时就会不好意思。

2. 自身配得感不足

不敢开口销售还和自身配得感不足、不自信有很大关系。这种不自信也和原生家庭的影响有关，大部分中国人在成长过程中所得到的父母的赞美、认可、鼓励是不够的。

小 S 小时候学习成绩不错，但每当他取得一点成就时，父母就会告诫他不要骄傲，“××家的孩子比你还优秀呢”；而当他犯了错时，父母则会训斥他，“太丢脸了，你这样做别人会怎么看你”。平时他也很少会跟父母进行拥抱等肢体接触。在这样的家庭氛围里长大的孩子，他的价值感往往取决于别人怎么看待自己，会特别介意别人对自己的评价。当他担心别人会认为他的分享是有目的的，担心别人对他印象不好时，他也就不敢开口了。

我在澳洲生活过一段时间，发现西方人特别善于赞美、鼓励他人，孩子取得一点点成就，父母就会很“用力”地去赞美他，也会经常拥抱和亲吻孩子。父母的这些亲密行为对于孩子内在自信的建立是非常关键的，孩子从小就觉得自己很特别、很棒。当一个人对自己的价值很笃定时，他就不会太在意别人对自己的评价，在销售时他就可以很坦荡地开口谈钱。

3. 错误的金钱观

有的人内心可能会有“金钱是不好的东西”的观念，认为赚钱是很辛苦的，金钱会带来危险，会带来不幸福。可能你平时都觉察不到，但这些潜意识会让你在销售的时候不由自主地受影响。

小 S 的爷爷曾经很有钱，但是在那个年代也吃了很多苦，所以他们家的家训中就强调要做文化人，不要做生意人，赚钱多是有风险的。而且这是一个家风浓厚的家庭，很重视传承。在这样的文化基因下，小 S 潜意识里就会认为赚钱多是对家族的一种背叛，因此一到成交大单的时候他就会恐惧、犹豫。当我指出这一点后，小 S 才恍然大悟。在做了一些信念层面的清理，把这些困难逐一化解后，半年内他就营收破百万了，其中有不少 10 万元以上的大单。

看到这里，你有没有从小 S 的例子中觉察到自己也有类似的一些金钱卡点呢？你可以回头看看前文自测题中你所选的 B 项，找到你的卡点，接下来我会教你如何突破这些卡点。

我从自己的实践中提炼出两个行之有效的方法，只要你对照练习，一定能够突破你的卡点。

一句化解不好意思的魔力咒语

认真觉察一下，当你不好意思开口销售时，你是不是觉得你是在要求对方付钱给你，是一种索取心态？当你觉得自己是在索取时，你自然就会感到不好意思。而真正的销售不是索取，是给予，是把自己的产品和服务当作“礼物”给出去。这里送给你一句化解不好意思的魔力咒语，这句咒语帮助了很多“不好意思患者”，他们在开口谈钱时，心中默念三遍咒语，立马就“好意思”开口了。

这句咒语就是“小爱爱自己，大爱爱世界”。“小爱”是爱自己，担心别人会怎么看自己，会想对方会不会觉得自己是在赚他的钱，关心的是自己的面子，希望不破坏自己在别人心中的形象。“大爱”是爱世界，爱他人，所以要帮其他人解决问题，希望世界上少一个不幸福的人，少一个不健康的人，少一个才华横溢的穷人。没有销售，这一切都不可能发生，我们要相信只有当对方真正成为我们的客户，用了我们的产品和服务，他才会真正发生改变。所以有大爱的人不关心对方如何看待自己，不关心自己的面子，只关心自己的产品和服务能不能真正帮到对方。

我能感悟到这一点，是因为经历过太多让我懊悔的事。

我有一个好朋友，他是典型的有一技之长的人，我觉得他很适合打造个人品牌、实现价值变现，我暗示过很多次他可以跟我学习，但一直没好意思直接开口成交，担心谈钱会破坏我们两个人之间的关系。两年多过去了，我把个人品牌营销做得风生水起，他依然空有才华不得志。一次聊天中，他开玩笑问我当初为什么没有与他成交，如果我早点与他成交，也许他现在的人生就完全不一样了。虽是玩笑，但我读出了他的落寞，我自己也很懊悔，因为自己的“小爱”，而失去了一个帮助他人的实现“大爱”的机会。

还有一次，一位学员向我咨询私教服务，当我了解到这位学员已经报了很多老师的品牌打造课程后，我就没有让他报名，而是建议他把手上现有的课程消化完再说。结果我没有想到他转身就报了另一个老师的私教课，花了近 10 万元，依然没有什么成果。过了三个月他又来找我咨询，这次我毫不犹豫地与他成交了，开始手把手辅导他，很快他就看到了打造个人品牌变现的成果。这个经历也让我深刻反思，我以为自己站在对方角度替对方省钱了，实际上却让对方又多花了近 10 万元的冤枉钱，还浪费了三个月的时间。

有太多太多类似的案例，我也深刻地领悟到了什么是“成交一切为了爱”。这是一种大爱，超越了自己的面子，超越了“别人会怎么看我”的杂念，超越了一切限制性思维，大大方方谈钱，坦坦荡荡成交，不是站在我自己的角度，而是站在客户需要的角度。当然，这种思维的转变不是轻易就能做到的，是需要做练习的。接下来，我就用这个方法——列出痛点清单激发使命感，帮你真正完成思维转变。

你可以从这个方向来思考：如果你不成交，对方会怎么样？为此列出一个痛点清单。以我的个人品牌商业顾问服务举例，如果我不成交，对方会怎么样？

· 别人就不会知道他的才华和能力。

· 他没有办法帮助更多人。

· 他的收入配不上他的才华。

· 他会继续到处寻寻觅觅，报很多的课程，花更多的钱，浪费很多时间，也许依然解决不了他的问题。

· 遇到价值观不合的老师，他甚至会被带偏，赚快钱，走捷径。

· 这个世界上也许就少了一位大师级的人物。

……

当我列出了这样的痛点清单，这就会极大地激发我的使命感，我会特别想帮助对方，特别有勇气开口。来动手列一列你自己的痛点清单吧，找到一个你可以帮助的对象，想象如果不成交，对方将会怎么样，然后一一把它们列出来。

练一练

如果不成交，他会怎么样？

- ____________________
- ____________________
- ____________________
- ____________________
- ____________________
- ____________________

一个将不够自信的想法反转的神奇信念

很多人不够自信，觉得自己有短板，觉得“自己”这件产品不够好，因此不敢销售。其实，有一个神奇的信念，可以把你的短板变成优势，把客户的反对意见变成成交的契机。这个神奇的信念就是：我的一切皆优势。

这个神奇的信念，帮助我在33岁时顺利脱单。33岁，即便在这个年代，也绝对属于“大龄剩女”。在很多女生心目中，年纪大是一个致命的短板，而我却把它翻转成了我的优势，并将其多次展示给我当时的男友：“正是因为我33岁了，所以我的心态更成熟，更能理解你，也更有实力支持你，你现在正是干事业的黄金期，我们可以互相成就。”就这样，我成功地把我的短板变成了优势，顺利把自己“销售”出去了，并且在婚后持续知行合一地展现这些优势，结果就是我们已经幸福地在一起12年了。

我有一个做少儿财商教育的学员，她还很年轻，没有孩子，因此她经常被家长质疑，是否真正懂孩子，她对此特别苦恼。我就是用这个方法帮助她实现快速转变的。“别墅设计师，不一定自己住别墅；研究病毒的专家，不一定自己要感染过这种病毒；没有生过孩子不表示不懂孩子。恰恰相反，正因为我现在还单身，没有家庭负担，我可以有更多的时间和精力来做这件事情，把每个学生都当作我自己的孩子。再加上我的专业就是学金融的，这些年来我一直在研究少儿财商领域……”你看，这样是不是让短板变成优势了？

练一练

下面跟我一起来练习一下这个神奇的信念造句吧。

- 列出你对自己没有信心，你认为是短板的地方。
- 逐一造句，正是因为________________________________

（放入短板），我才更________________________________

____。

你可以在平时多练习这两个方法，一定会有意想不到的收获。

打通金钱卡点提高销售力

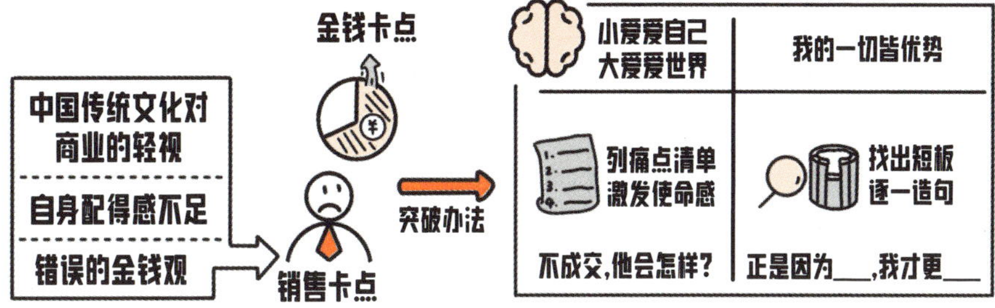

4 招让你成为销售高手

同样是做销售，为什么你的月薪是 4000 元，而有的人能拿到 40 万呢？这就是普通人跟销售高手的区别，接下来我会为你介绍销售高手的 4 种思维方式，帮助你快速升级成为销售高手。

销售高手最擅长的不是讲，而是问

很多人以为销售高手是因为口才好，所以才销售好。但我过去在金融、直销以及知识付费领域所看到的销售高手，他们最擅长的不是讲，有些人甚至挺口拙的，他们真正擅长的是提问。通过提问来挖掘客户的需求，通过提问放大客户的痛点，并引导客户意识到自己的痛点，从而让成交天平在客户心中向成交端倾斜，这才是销售高手必备的能力。

我在外资银行做销售高手训练时，会严格控制客户经理讲话的比例，如果客户经理说得比客户多，就算考核失败。因为只有打开客户的话匣子，让对方多说，让对方充分告诉你他们的需求、问题、痛点，成交才有可能发生。并不是像很多人想象的那样，做销售就要凭三寸不烂之舌劝客户买单。客户不是被销售说服才买单的，客户其实是通过销售的提问，引发他自己的思考，自己说服自己后才买单的。

我经常跟我的学员说，“会讲是铜，会听是银，会问才是金”。我在帮助学员过销售关时，交流的前半个小时是不允许他介绍产品的，他只能提问、倾听、回应、再提问。有时学员实在不知道问什么了，我就教他一个万能的提问开头，用这个方法总能撬开客户的话匣子。即使是稍微敏感一点的话题，也可以用这个提问开头，可以说是屡试不爽。我现在就将其分享给大家。

万能提问开头：我特别好奇 + 提问

举例说明，当对方问了一个你不知道如何回答的问题时，你可以反问：我特别好奇，你为什么会想问这个问题呢？

当无话可说时，你可以问：我特别好奇，你最初是怎么接触到这个行业的？

当问敏感问题时，你可以问：我对你的……方面特别好奇，我可以问个问题吗？

当被对方拒绝时，你可以问：我特别好奇，因为你的确是有……需要的，为什么会对我的方案不感兴趣呢，能跟我说说吗？

这个万能提问句，还可以用在恋爱表白前：我们认识了……（多长时间），我对你的印象是……（真诚赞美对方），我特别好奇，不知道你对我的印象如何？

用在跟孩子交流时：宝宝，妈妈特别好奇，你今天为什么跟同学打架了呢？

怎么样，是不是瞬间找到做销售高手的感觉了，来自己练习一下吧。

练一练

- 用万能提问开头：我特别好奇 + 三个问题。
- 试试用提问引导谈话，在跟别人交流时，尽量多提问。

销售高手不是在某一时间销售，而是随时随地“种草”

在很多人的认知里，和客户面对面坐下来认真介绍产品才叫销售，但实际上对于销售高手来说，销售是随时随地地“种草”。“种草”的途径有很多，线上线下都可以，我的很多学员就是通过翻我的朋友圈，或看我的直播，或无意中刷到我的某个短视频，或看到了我某次的社群分享而记住了我。也有些学员是线下跟我一起喝过咖啡，或者一起参加一个活动，茶歇的时候聊了几分钟，就被我圈粉了。在他们自己或者周围有朋友需要打造个人品牌的时候，他就会想到我。

所以我从不刻意销售，而是很自然地通过我的个人品牌让每一个接触到我的人，都能很清晰地了解我是谁，我能为谁解决什么样的问题，我的价值观、圈子、生活态度是怎样的，以及我有多专业。

想到销售，容易让人有压力，而“种草”式分享更多的是分享对别人有价值的内容或者消除别人的困惑。为别人创造价值，你自己也会感到更轻松。

那么如何才能做到这种无痕式销售，随时随地“种草”呢？这其中最核心的能力有两个。

1. 快速刷新对方认知的能力

有好几次跟朋友聚会的时候，当聊到个人品牌这个话题时，我简明扼要地讲述了我对个人品牌的理解，就如在前言里说的，打造个人品牌，不是某些人需要，而是人人都需要，不是某几个动作，而是一系列动作，不是一阵子，而是一辈子。当对方对这个领域的认知被快速刷新的时候，他就会觉得你很专业。

“不是……而是……”这个对比句式可以快速打破别人的认知，为其建立新认知。很多名人名言就是用这样的句式，快速刷新了我们的认知，让我们觉得对方讲得很有深度，来看以下几个例子。

- 真正的爱不是索取，而是给予。
- 衡量成功的标准不在站立顶峰的高度，而在跌入低谷的反弹力。
- 真正带给我们快乐的不是知识，而是智慧。
- 最有效的教育方法不是告诉人们答案，而是向他们提问。

练一练

- 提炼一下，你对于所在领域的独创的认识，试试用“不是……而是……”句式来形容。

2. 答疑解惑的能力

衡量一个人专业不专业，最重要的不是听他的讲课能力，而是听他的答疑能力（注意，我又一次用了这个句式来刷新认识）。知识的搬运工也能把课讲得很精彩，但只有实操经验很丰富的专家，才能稳、准、狠地快速解答问题，尤其是在现场回答时，只有经验丰富的人才能给予对方非常精准、客观的分析，提出有建设性的意见。我之所以每次在直播间里答疑时都能带动销售，就是因为直播间里的观众感受到了我的专业。

如何训练和提升自己的答疑解惑能力呢？只有靠练习。我的答疑能力就是在 3000 多个咨询案例中练出来的。除了多练，还要做深度思考和提炼，把经常被问到的问题列出来，思考有没有更简单、更精准的回答方式。

练一练

- 试着给 10 个人做即兴回答，问对方对你的领域有什么困惑，看看你的回答能否起到“种草”效果。

销售高手不仅“卖”，更会“买”

不知道你有没有发现一个有趣的现象，很多销售高手也是很容易被其他人成交的。我自己就是这样，很容易被人打动，是一个非常容易被成交的客户，甚至还经常主动购买别人的产品。我一直很爱学习，也很舍得为学习投资，在我 20 多岁刚工作时，我就经常会花费几个月的工资来报班学习，因为我觉得为知识买单是很有必要的。尤其是在我多次支付 10 万元以上的学费后，我会觉得自己的产品很超值，我在销售自己几万元的产品时就会特别有底气，内心会有一种声音，那就是“我的服务太超值了，太便宜了”，于是我所有的语言、表情、动作，都会散发出一种“我的产品超值”的信息，成交就会变得特别轻松。

同时，我发现一些人很难成交别人，是因为他自己也很难被别人成交。比如他想要销售一个高价的知识付费产品，他内心深处觉得这个价格很高，于是他在跟别人交流的时候，会极力去证明这个产品不贵，但是他所有为证明产品“不贵”的语言、表情以及身上的每一个动作，都会散发出一种产品“过于贵”的信息，成交也就变得很艰难。

销售高手更重视高客单价产品的销售

你知道销售 999 元的产品和销售 10 万元的产品，在销售策略上有什么区别吗？

销售低客单价的产品时，客户要付出的代价小，销售的重点在于塑造产品本身的价值，强调产品本身有多好即可。销售高客单价的产品时，仅塑造产品本身的价值是远远不够的，需要在销售的过程中挖掘客户的痛点需求，让对方意识到这个痛点问题不解决，后果会有多严重，以此激发对方想改变的意愿。

简单来说，如果是一个千元以内的社群产品，只需要设计一张海报，在朋友圈或者直播间中展示一下，做简单、直接的介绍，就能轻松成交。而成交价值五位数的私教产品，就不太可能只用一张海报、一篇文案来搞定。

我针对我的私教学员们做过一个调查，问他们为什么愿意为我的产品付费。大部分人表示，他们愿意付费是因为不想继续做“才华横溢的穷人”，他们希望自己的价值可以得到体现，希望有一个私人教练可以一步一步地指导他们打造个人品牌，也希望收获一个高能量的人脉圈。我们可以发现，通过这五位数的学费，他们希望获得的是某种“感”，如成就感、价值感、认同感、归属感，以及“有人管”的安全感。因此我得出一个结论，越是销售高价产品，越要多通过提问了解客户的深层需求，给予客户更多的倾听和耐心，要更懂对方，而不是一味地展示自己的产品有多好。这种成交方式，就是咨询式成交，具体内容我将在第九章中展开来讲。

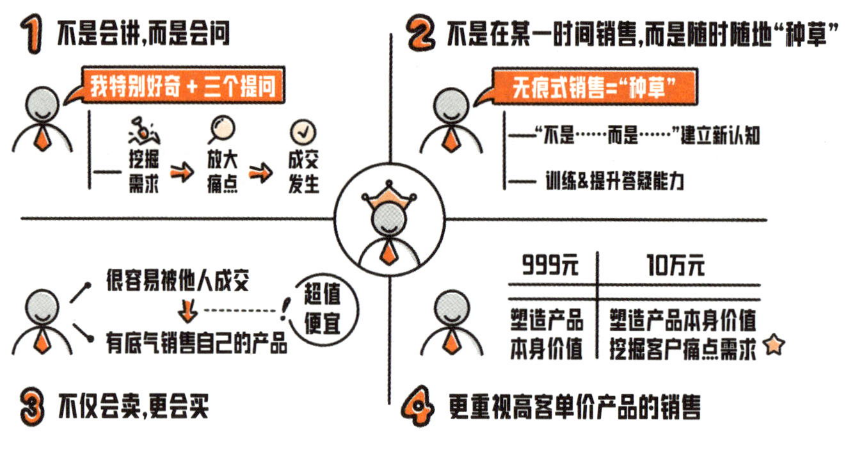
四招成为销售高手
1 不是会讲，而是会问
我特别好奇＋三个提问
挖掘需求
放大痛点
成交发生
2 不是在某一时间销售，而是随时随地“种草”
无痕式销售=“种草”
“不是……而是……”建立新认知
训练&提升答疑能力
很容易被他人成交
有底气销售自己的产品
超值便宜
3 不仅会卖，更会买
999元
10万元
塑造产品本身价值
塑造产品本身价值
挖掘客户痛点需求
4 更重视高客单价产品的销售

销售高手的终极心法

上一节我详细介绍了销售高手要有 4 种思维方式，这一节我将为你分享成为销售高手的终极心法，一定会再一次颠覆你的认知，我身边的顶尖销售高手都在用这个心法。

这一终极心法与其他方法最大的不同在于关注点，此前我分享的所有方法，关注点都落在客户身上，而使用此终极心法的销售高手的关注点是在自己身上。这是因为随着自身销售能力的提高，你面对的客户群体也会有所不同，这个时候你更需要精进自己，拓宽自己的知识面和眼界，补充自己内在的力量，才能满足现有客户的要求，并吸引更多更优质的客户。你不需要讨好客户，只需要做好自己，花香自有蝴蝶来。

大文豪苏轼就是这样 位顶尖的销售高手。他一生不得志，晚年更是被一贬再贬，最后被贬到海南的儋州。在古代，那个地方被视为蛮夷之地，气候潮湿，瘴气严重，交通极其不便，是人们打死都不想去的贫困地区。但当苏轼在这里办起学堂后，竟有人千里迢迢追随他而来，之后苏轼的学堂越办越大，儋州也开始有了第一个举人、第一个进士。苏轼没有做任何与销售有关的事，但他那闪闪发光的人格魅力，足以把喜欢他的人吸引过来。

我很幸运，有机会跟随不同领域的顶尖销售高手学习，亲眼见证了他们像苏轼一样，内修自我并做到极致，轻松拥有了源源不断的粉丝和客户。

例如“剽悍一只猫”，自 2016 年起，他就半退隐江湖，很少公开露面，将时间用来提升自己。他不迎合任何风口，不追逐流量。

你能想象吗？一个自媒体人，一个个人品牌商业顾问，在现在这个环境下，竟然从不拍短视频，不做直播，不做公开讲座，但每一个近距离接触过他的人，都会被他的人格魅力和思想境界所征服，也会被这种极其克制的商业模式所吸引。他拥有的这种影响力是“不在场影响力”，真正做到了不销而销。

在打造个人品牌的前期，尤其是“小白时期”，的确要有用户思维，要花更多的时间和精力去了解目标客户需要什么，多向外探索。随着自身的成长和能力的提高，我们就要像“剽悍一只猫”那样，花更多的时间进一步向内探索，搞清楚自己是谁，自己的核心优势是什么，自己到底能够给这个社会带来什么价值。市场纵然千变万化，但是人性的底层需求是亘古不变的。越往上走，越需要我们向内求，把自己差异化的优势发挥到极致，做好自己，不迎合别人，你就是顶尖的销售高手了。

销售力是一个非常重要的能力，值得我们用一辈子去好好修炼，而且销售力和专业力是相辅相成的。如果你很专业，销售力弱一些，那没有关系，你的专业力可以弥补。当你足够专业的时候，自然有人会主动来找你。但当你的专业力不够强时，良好的销售力也可以弥补专业上的不足，让你更好地展示自己，先把自己“销售”出去，在交付的过程中再慢慢提升专业力。

我相信，只要你掌握了我的这套方法，你一定可以成为顶尖的销售高手。

03
表达力

表达力是个人品牌的放大器，因为不发声就什么都不会发生。“酒香不怕巷子深”的时代已经是过去式了。无论你有多专业，如果你不把自己的能力和价值表现出来，那别人又怎么能够知道你的厉害呢？

从小到大，我的表达力都特别好，因此我比别人多了很多被看见的机会。让我印象最深刻的就是，当时我工作的汇丰银行要在上海成立培训部，这让有讲师梦的我极其兴奋。但是认真看过招聘条件后，我的心就凉了半截，因为招聘广告上清楚地写着，至少要有 5 年的相关工作经验。而我当时还没有做过培训，没有任何培训经验，尽管如此，我还是努力为自己争取了一个面试机会。

面试当天，我与面试官聊了近三个小时，把我为什么想做培训、我的优势以及我将如何弥补我没有相关工作经验的短板，充分表达了出来。虽然我觉得自己在面试现场表现得很好，但依然不抱有希望，因为内部推荐我的朋友告诉我，其他应聘者都比我经验丰富。所以在一个月后接到录取通知时，我惊讶极了。在上班第一天，我就勇敢地问了我的老板，也是当时的面试官，为什么选择了我。她说：“你的表达力很强，表达力是培训师必须具备的一个软性能力，这为你加了很多分，同时，你也让我看到了你对这个岗位的渴望。”

也因为我较好的表达力，在之后的工作中，我得到了在万人舞台上做分享的机会以及给一些大型企业讲课的机会。进入知识付费领域后，我也很快就被更多人看见。由此可见，表达力对于打造个人品牌来说，是非常重要的。

看到这里你也许会想，“我天生不善表达”，也能打造个人品牌吗？实际上我虽然一直被认为表达力强，这除了有一定的天赋之外，最重要的是因为我接受过一系列的专项训练。我可以很负责任地告诉你，表达力——无论是写作能力还是演讲能力，都可以靠后天习得。本章中，我会把提升表达力的训练方法分享给你，通过这些方法，你也可以成为一个表达力很强的人。

表达力不只是能说会写

打造个人品牌，重要的是把自己销售出去，把自己的思想和能力传播出去。目前，常见的传播方式主要有以下 4 种：

- 图文：用图片和文字的方式来表达。
- 音频：用纯声音的方式来表达。
- 视频：用视频的方式来展现。
- 现场：现场展现又包括两种形式，即线上、线下培训和直播。

别担心，以上这 4 种传播方式，你并不需要一开始就面面俱到，你可以挑选自己最擅长的一到两种先开始练习，再慢慢突破其他方式。你可以熟练掌握的表达方式越多，你的表达力就会越强，你表达的内容可触达的人群就会越广，你的影响力也会随之增强。很多人以为表达力强，就是能说会写，其实不然。表达力强有三个标准。

用户愿意听、愿意看、愿意读

想要用户愿意听、愿意看、愿意读，那就一定要在内容创作上下功夫，选取有吸引力、自己有切实感受并且对用户有价值的内容。表达力强的人首先胜在选题上，仔细想一想，无论是买书、看直播，还是阅读公众号文章，我们是否只有在碰到自己感兴趣的主题时才会点进去看？现代人最稀缺的就是注意力，如果我们不能在一开始就吸引大家，那么再好的内容用户都无法看到。

所以说选对主题，就是成功了一半。

用户听（看）得下去

这取决于我们能否用对方听得懂的语言精准表达我们的观点，同时内容还能够引人入胜。这就涉及表达技巧，我会在下一节分享一个我最喜欢用的万能表达框架，你只需照着做就能把内容条理清晰地展现出来，让观众愿意一口气听（看）完。

我是一个很爱看书的人，同一主题的书我会买不同作者写的回来看。由此我发现一个现象，如果作者的理论性很强，内容特别有深度，但文笔略枯燥，这样的书我不一定能够读完，它最后往往会被我“供”起来。而能够被我一口气读完的书一般都是文笔轻松，穿插了大量的故事，通俗易懂的。

用户听（看）完后，有行动上的改变

这也是表达力的最高标准，就是用户听（看）完你的内容后，内心有所触动，并且愿意付诸行动。

但凡你听了乔布斯在斯坦福大学的毕业演讲《求知若渴，虚心若愚》，你一定能瞬间感受到巨大的力量，感到自己内心的火种被点燃，想要去尝试一些自己过去不敢尝试的事情，去勇敢追求自己的梦想。在这场演讲里，乔布斯谈到了自己大学辍学的经历，谈到了被自己建立的公司开除的故事，谈到了人生得失，谈到了死亡。这是一场富有哲理且热血十足的演讲，至今被称为经典。

一场演讲，让人听完拥有信心，想要改变，这就是表达带来的神奇力量。

所以，表达力强不只是能说会写，更需要做到：

① 表达的内容对他人有价值。

② 表达的方式引人入胜。

③ 你的表达能激发他人付诸行动。

找到了表达的标准后，我将逐一来拆解如何达到这三个标准。首先来看看如何让自己的内容和选题更有吸引力。

表达力强的三个标准

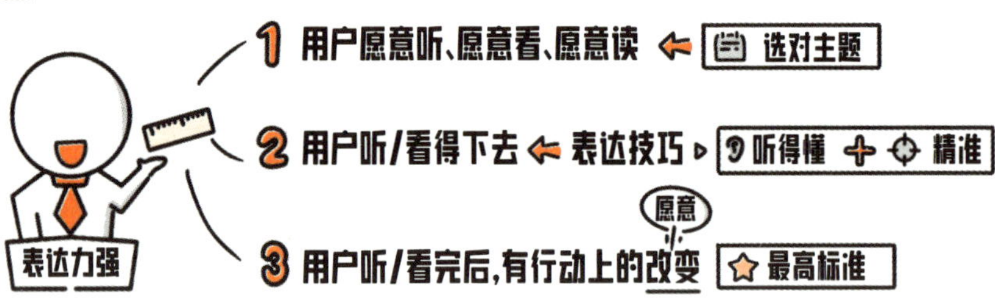

两个创作素材来源和一个万能表达公式

“孔老师，我不知道输出什么内容，表达出来也是干巴巴的。”这是很多小伙伴都有的困惑，想表达但不知道表达什么，不懂如何选题，即使有了灵感，也不知道如何表达更有吸引力。结合我的实践经验，我跟大家分享两个创作素材来源，能够让你拥有源源不断的灵感；以及一个我一直在用的万能表达公式，无论在什么场合，都能让你的表达游刃有余。

两个创作素材来源

1. 持续的输入

我们只要每天都保持着一种觉察的状态，持续输入，并且养成深入思考的习惯，就绝对不会缺乏创作的素材。那如何通过持续输入让自己轻松拥有源源不断的创作灵感和素材呢？我总结了 5 个方面。

生活经历

我们每天的生活经历中，都蕴含着大量的创作素材。平时我们可以多观察生活，捕捉生活中的碎片，从生活中的小事入手，以小见大，总结生活的经验和启示。如果你觉得这些对你的用户有帮助，那你就可以将其提炼并表达出来。通过持续训练来提升自己观察和表达的能力。

读书、读文章、看电影、学习或聊天

无论是阅读一本书、一篇文章，还是看电影，或是学习、聊天，本质上都是学习他人的思想以充实和提升自己。阅读是与作者进行跨时空的思想交流，看电影会让你与主人公的命运产生共鸣，学习或聊天会让你了解老师或谈话对象的理念和价值观。这样的交流，有助于引发你的思考，帮你找到创作的灵感。

创作过程也能帮助你内化交流的内容，促进你对阅读和学习内容的理解。当你需要寻找创作素材的时候，你不妨拿起一本书来细细品读，或是回忆一下最近学过些什么，从中找到创作灵感。

客户见证、学员好评

客户见证和学员好评都可以作为素材写成案例拆解的文章中，或拍成短视频，你可以这样拆解，比如他之前面临什么困难？他是如何找到你的？找到你之后，你采取了哪些解决方案？现在取得了哪些成果？这足以成为一个内容丰富且含金量高，能引人注目的好素材。客户见证往往能够引发类似背景客户的共鸣，带来更多潜在的客户。

除了客户见证，客户的提问也是一个很好的素材。一个好提问就能帮你创作出一篇好内容。通过回答客户的提问，你不仅可以训练自己答疑解惑的能力，在解答的过程中，也能够让自己进行全面而深刻的分析。如果目前你还没有学员或客户，可以到知乎平台上寻找一些好的问题并尝试回答。这就是你创作的开始。

专业领域的看法

我们对于自己专业领域内一些问题的看法和观点，非常能够显示我们的专业度，同时也是最重要的创作素材。

我曾经在微信朋友圈中分享过“孔蓓 101 条个人品牌实战秘籍”

的系列知识。我是这样训练自己的：先从写 100 多字的朋友圈短文案开始，提炼出我对打造个人品牌方面的 101 个观点。朋友圈消息的输出并不需要观点之间相互的逻辑性，只需随机输出 101 个小观点即可。这些小观点再附上 1 ～ 2 个案例，就可以拓展成 200 ～ 300 字的短视频文案，就可以用来拍短视频。

同时，在输出的过程当中，我慢慢开始思考：这些问题之间有没有关联？有哪些问题是属于同一类的？是定位问题，还是产品设计问题？在这个过程中，我有了思考，构建了自己的知识体系。当有了一个大概的体系之后，我便开始就某一类问题进行比较深入的分析，创作出一篇几千字的文章，发表在一些公共社交平台上。

写书是展现专业最好的输出方式，可以把你对于这个领域的理解非常深度且系统地用文字呈现出来，当然，这需要经过一定时间的积累。写书的过程中，你可以进一步加深自己对这个领域中很多专业问题的系统性思考，我自己就是在写书的过程当中，把之前的经验和知识重新梳理了一遍，有了更深入的思考和见解。

新闻热点

把热点新闻跟个人品牌的定位相联系，并且从我们的专业角度为此提供一些看法，做一些分析，这是一个加速内容传播的好方法。

2022 年北京冬奥会上，一个备受大家喜欢的女孩谷爱凌最终获得了 2 金 1 银。针对这个热点，不同定位的人可以从不同方向去分析。如定位是育儿的，可以从谷爱凌的妈妈是如何培养她的角度来分析；定位是女性成长的，可以从谷爱凌是如何刻苦训练，以及她极致自律的角度来剖析。而我作为个人品牌商业顾问，我会从个人影响力以及她背后的商业推手的角度去分析这个热点。同样一件事情，每个人从各自的专业领域出发，去分析、去解读，得出的结论是不一样的，此类有深度的解读文很容易获得较大的浏览量。

熟练应用以上 5 点，就可以找到源源不断的素材。当然，平时也要注意收集素材，当生活中有一些事件引起我们的反思时，我们就及时记录；看到一些好的文章时，我们就及时收藏。你也可以为自己拟定选题清单，把你平时偶尔想到的一些好的选题都列在上面，当没有素材写的时候，你就可以去选题清单中查找。

2. 参考已经爆了的选题

新媒体有个规律，爆者恒爆，一个被市场验证过的很有吸引力的选题，无论谁来创作，都更容易爆。为此我总结了两个方法。

收集播放量、阅读量高的视频或文章

平时我们在看文章或刷短视频的时候，如果看到一些阅读量在 10 万以上的内容，都可以收集起来，自发地去思考一下为什么这类内容会爆。如果对于其中某些内容的角度，你也能发表自己的独特观点，那么你就可以把它变成你自己的选题。

收集平时自己点赞、收藏的内容

我们平时浏览社交平台，看到自己感兴趣的、觉得不错的内容时，都会点赞、收藏。当我的创作灵感枯竭时，我就会去翻翻我的收藏夹，从中寻找合适的选题。我们之所以会对某一内容点赞、收藏，就是因为这个内容在某些方面引起了我们的共鸣，我们完全可以从这些引起过我们共鸣的内容中寻找灵感，进行自己的二次创作。

例如，我的收藏夹里有很多关于书籍推荐的小视频，我有时会挑出特别喜欢的书，从自己的角度去解读，然后把它们推荐给我的粉丝们。

有了好的内容和选题后，如何表达才能更精准、更出彩呢？接下来我分享给你一个超级好用的万能表达公式，我就是用这个万能表达公式打遍天下的。无论是在直播间、社群中做分享，还是在线下即兴发言、平时写文章，我都会套用这个公式，它真是太好用了，你一定要试一试。

一个万能的表达框架

这个万能表达框架就是黄金圈框架，来自芭芭拉·明托所著的《金字塔原理》。黄金圈一共分为三个圈：

第一个圈是 Why：为什么做一件事？强调收获和益处。

第二个圈是 How：如何做这件事？强调路径和策略。

第三个圈是 What：具体需要做什么？强调方法和细节。

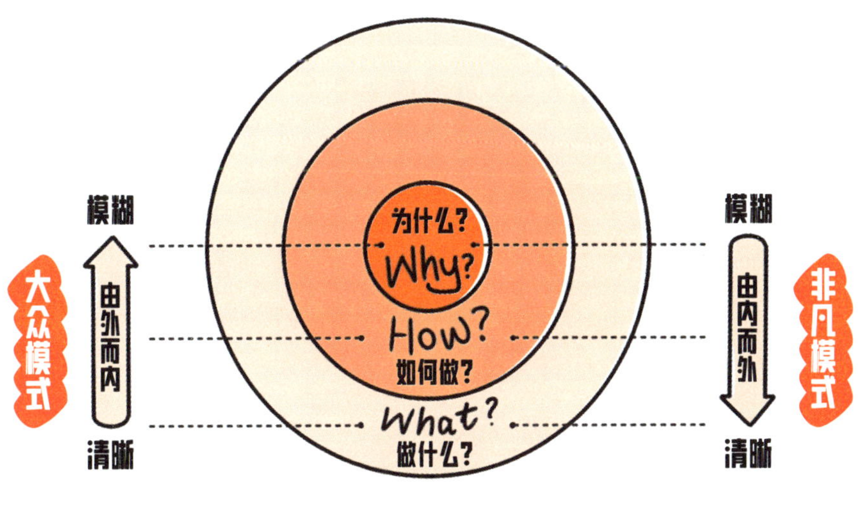

黄金圈

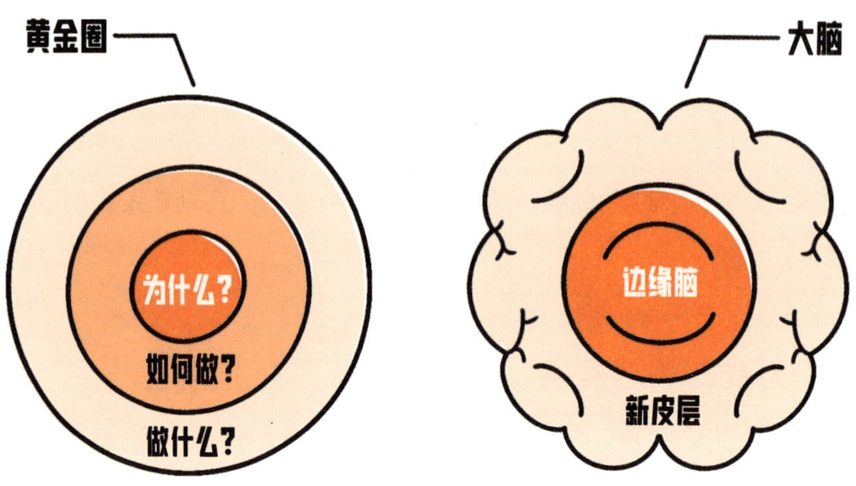

黄金圈&大脑脑区

普通的表达模式是从外到内的，先讲做什么，再讲如何做，最后再讲为什么（有时甚至都不说为什么）。而表达高手的表达模式都是从内而外的，从模糊到清晰，一开始就先讲清楚这件事情的重要性，说明为什么要去做，再讲具体的细节。

这样的表达为什么高效？因为黄金圈的工作原理与我们大脑的工作原理是一一对应的。黄金圈的最外层“做什么”对应的是大脑外侧脑区——新皮层。该脑区负责理性思维和分析，能帮助我们理解事实和数字、特色和好处。新皮层也负责语言。黄金圈居中的两层是“为什么”和“如何做”，它们对应的是大脑内侧脑区——边缘脑。该脑区负责我们所有的行为和决策，也负责我们所有的感受，比如信任和忠诚。

大脑只有先有了感受，先认同做这件事情是有好处的，才会发出指令——继续往下听，接着才会知道做什么、怎么做。那这个万能表达公式在具体表达当中要如何应用呢？

1. Why 以及 Why me

在分享一个主题时，开篇一定要花大力气讲清楚：观众或读者为什么要听？你的分享对他们有什么益处？这个主题对他们有什么重要性？还要说明为什么你有资格来分享这个主题。

我在分享个人品牌类的主题时，一定会先说“Why”，讲清打造个人品牌的重要性；再结合我的受众群体，针对他们的情况阐述这个主题为什么对他们很重要。比如，如果邀请我做分享的是一个宝妈社群，那我在社群里首先就会分享宝妈要打造个人品牌的原因：打造个人品牌可以帮助她们一手带娃一手赚钱；打造个人品牌可以帮助她们不断获得自我提升，成为孩子的榜样。再举几个我的学员中的宝妈打造个人品牌成功的例子，来增加说服力。

这一步特别重要，因为每个人做事情，首先会弄明白这件事情重要且值得才会去做。所以我们要先把这件事情的重要性讲清楚，让对方发自内心地觉得这件事情他需要做，做了这件事对他有极大的益处，对方才会感兴趣。

这里我要插一句，讲完重要性，你需要立刻表明你为什么有资格来分享这个主题。在这里，千万不能太谦虚，你可以直接说：“别的不敢说，在这方面我还是很有经验的。今天我想跟大家分享一下我的实战经验，相信一定对大家很有帮助。”一定要学会塑造自己的价值，这样别人才更愿意听下去。大家更相信权威的力量，所以你要先证明自己是权威，才能更大化地影响他人。

2. How

只有当一个人真正明白一件事情的重要性后，他才会开始思考，才会愿意沉下心来听，去了解他到底要怎么做。

此时，我们就要把如何做——“How”清晰地表达出来。我们可以将其提炼成几个要点，例如提升时间管理的三个秘诀、打造个人品牌的六个要素等。如果你的分享时间不够多，我建议与其蜻蜓点水地把六点都讲完，不如详详细细地把其中三点讲透，如果观众在这三点上很有收获，那他们是不是会对剩下的三点特别感兴趣？这个时候你就可以引流了，引导对方加你的联系方式，下次分享后面三点的时候再邀请对方也就变得顺理成章了。

3. What

这一步就要分享具体做什么，开始讲透每个要点的细节了。那怎么表达可以让大家听得津津有味呢？

首先要有案例，正面案例、反面案例都可以。用案例可以避免说教，也更容易引起大家的共鸣。本书的第一稿中，我用的案例比较少，在新书内测会上，大家都反映内容太“干”了，有点枯燥，于是我在第二稿修改时加入了大量案例，可读性就增加了。写作如此，分享亦如此。介绍每个要点时要加入至少一个案例。其次要有干货，要把具体怎么做、做些什么讲明白。最后再用一个金句来提炼总结。

在过去的20多年中，黄金圈框架是被我实践了无数次的非常好用的万能表达框架。无论是拍短视频，还是写公众号文章，抑或做即兴演讲，都可以套用这个框架，它看似简单，却威力无边。

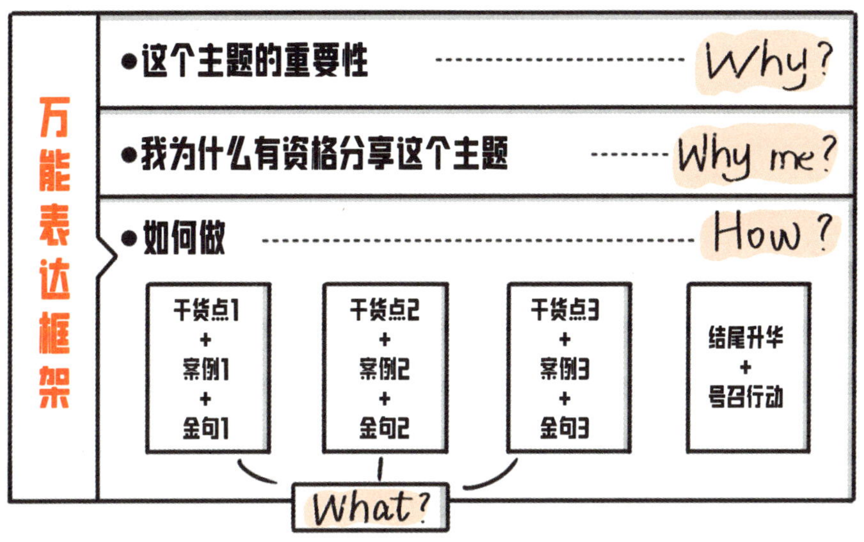

我曾帮助很多学员策划过 12 小时的直播内容，有的学员开始时愁眉苦脸，觉得 12 个小时太长了，都不知道要讲什么。我告诉他们把 12 小时拆成 12 个一小时，每一个小时的内容就套用这个万能框架来补充，结果他们 12 个小时直播下来都很轻松。

相信我，当你掌握了这个表达公式，你就再也不用担心自己没有内容可讲了。接下来我再给大家分享一个方法，让你的表达力达到最高标准，让用户听完你的讲话以后，有具体行为上的改变。

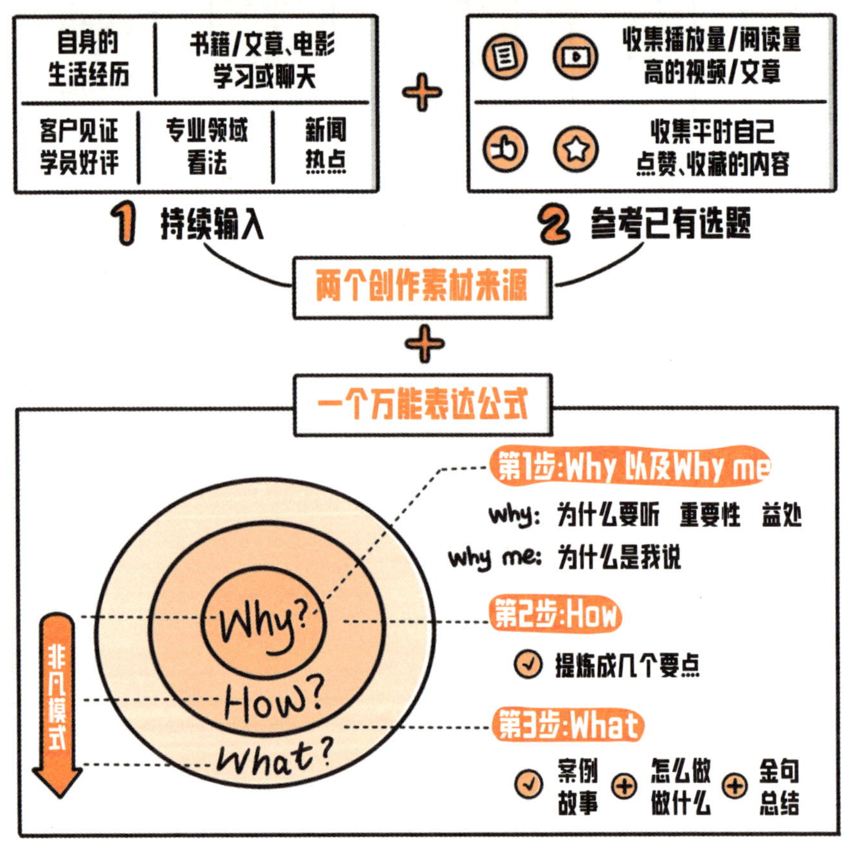

两个创作素材来源和一个万能表达公式
自身的生活经历
书籍/文章、电影学习或聊天
客户见证学员好评
专业领域看法
新闻热点
1 持续输入
收集播放量/阅读量高的视频/文章
收集平时自己点赞、收藏的内容
2 参考已有选题
两个创作素材来源
一个万能表达公式
第1步:Why以及Why me
why：为什么要听 重要性 益处
why me：为什么是我说
第2步:How
提炼成几个要点
第3步:What
案例故事
怎么做做什么
金句总结
Why?
How?
What?
非凡模式

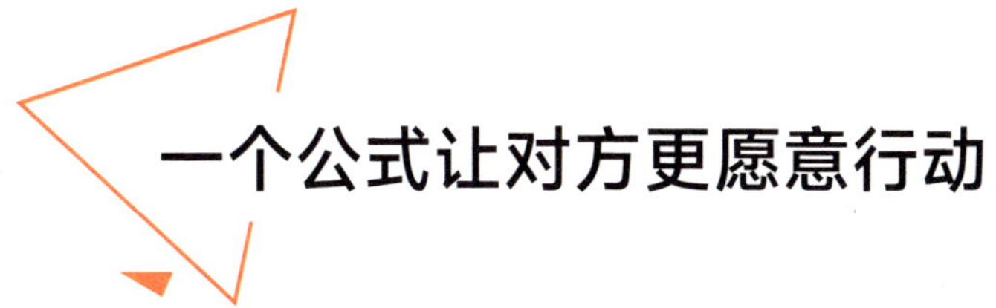

一个公式让对方更愿意行动

在我看来，任何的学习如果不以改变为目的，就是欺诈。所以我们做任何的分享，最终都是要激发他人做出行动和改变，而不是让客户听的时候很激动，回去之后一动不动。

那如何才能让客户听完你的分享后就愿意行动呢？我总结了一个号召行动模板：

不行动的坏处 + 行动后的好处 + 明确行动的路径 + 执行第一步的具体方法

也就是说，你在表达的时候，首先要说清楚不行动会给对方带来什么坏处，这是前提。比如我的一个私教学员需要对他的付费用户做调查，问大家为什么购买他的产品。但是他迟迟不行动。于是我帮他系统梳理了不做这个调查对他的坏处，以及做了这个调查能够解决他现在的什么痛点，让他明白做这个调查的必要性。

讲完不行动的坏处之后，一定要把行动后的好处描述清楚，要将好处场景化、具体化、情感化。通常情况，好处就是给名、给利、给价值这三点。还是以前面我那位私教学员为例，我告诉他，如果你能够通过调查了解到用户真正的需求，你就可以推出 1 万元以上高客单价的产品，每个月就可以实现月入 10 万元了。这就是给他讲清楚了利益点。

讲清楚好处后，就要给对方一个明确的行动路径，这时候用户的心理是：我知道这件事对我真的重要，但是我要怎么做呢？“好，别担心，我告诉你一共要做几步，每一步都需要做什么。”如果你能这样对客户，客户就会更有信心了。

最后一点也是最重要的，就是要告诉对方执行第一步的具体方法。所谓开始比完成更重要，一定要鼓励客户先行动起来，像我那位私教学员，我帮他制订的第一步行动计划就是“先把采访大纲发给你要调查的用户”，这就完成了第一步。

为什么只需要提供给客户第一步的具体方法呢？我举个例子你就明白了。我曾出于好意给一个客户详详细细地讲述他每个阶段需要执行的每一个具体步骤，结果他第二天就告诉我说他觉得太复杂了，他没有那么多时间。如果你讲得太多，反而会阻碍对方的行动。你给的行动指令要简单清晰，让对方相信自己可以做到。信心比方法更重要。

相信我，只要你把这个公式学会、用好，你每次的表达就都能让用户有所行动。除此之外，还有一些方法可以增加客户行动的概率，具体如下。

设立打卡奖惩机制

让大家完成作业之后打卡，并设立打卡金，完不成的话就要扣除打卡金，这个方法在很多社群中都被广泛使用，并且事实证明非常好用。适度的惩罚机制会让大家更有意愿去完成行动。

当然也可以正向激励，设立奖励机制，对表现优异的人给予奖励。

我为了鼓励大家及时复盘，就设立了“优秀复盘可以获得我 30 分钟一对一咨询”的奖励，每次设立这样的奖励，学员的复盘完成率和复盘内容质量就会非常高。

设定连坐机制

在大家最愿意行动的时候，组成行动小组，实行连坐机制，如果有一个人没做到，所有人都要交罚款。这个机制特别管用，有很多次学员觉得自己太忙了，完不成作业交点罚金没问题，但一想到因为自己没做到而连累别人，就会很不好意思，于是尽量去完成。

公众承诺

当大家都决定要做一件事情的时候，让大家做一个公众承诺，例如立一个目标发在朋友圈，并当场拍一段承诺的小视频，当他不行动时就发给他。或者让大家把行动计划写下来，汇总成册打印出来后寄给大家，白底黑字的承诺会更有冲击力。

安排搭档监督机制

可以两个人一组，彼此成为搭档，相互写下自己的行动计划。然后两人可以每周开会，分享一下彼此的进展，相互监督，一起成长，成为业力伙伴。我有一个朋友跟他的业力伙伴每周都会开会，已经坚持 5 年了，这对他的行动落地帮助非常大。

虽然说大家都是成年人，每个人都应该对自己的行为负责。但如果我们能够适当地运用一些小技巧，帮助他人，也帮助自己更好地将计划落地，那么也就能更快出成果。这也是我们最希望看到的。

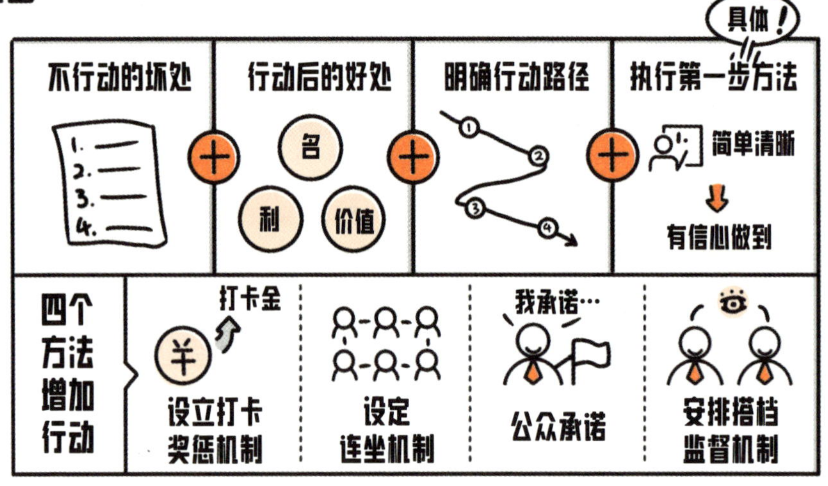

提升表达力的核心秘籍

在表达力方面，我的确有些天赋，但更多的还是靠后天的刻意训练，在这一节中我会将自己总结的提升表达力的核心秘籍分享给你。我从践行过的方法中提炼出三个最好用的，无论你目前的表达力水平如何，靠这些方法进行自我训练，你都能跃迁为表达高手。

拆解高手，找到提升点

第一个核心秘籍就是找到对标的表达高手，拆解对方，对比自己，找到自己当下最需要提升的点。

以我为例，进入知识付费领域之后，我就找到这个领域讲课最优秀、写作最厉害的老师，拆解他们的课程、直播、短视频或文章。我曾听完刘润老师两个小时的直播，然后花费了两天时间做拆解，具体到刘润老师的直播是如何布局的、开头是如何设置以吸引人的、中间是如何讲解案例的、结尾是如何升华的，逐字逐句地拆解，并思考这背后的思维逻辑是什么。通过这次拆解，我发现了自己的一个成长点，就是要提升讲解复杂案例的能力，于是接下来我花了好几个月来训练自己的这项能力。同时在这几个月中，我通过不断拆解刘润老师的直播内容，在给学员讲解的时候不断地训练自己，慢慢就把自己的这项能力提升上去了。

我也拆解过一些综艺节目里的优秀选手是如何辩论的，拆解过脱口秀高手是如何制造笑点的，还拆解过有10万+阅读量的文章如何吸引人的，这些都是为了向优秀的表达高手学习如何表达。记得巴菲特说过这样一句话："想成为最优秀的人，就要向最优秀的人学习。"想成为表达高手，首先就要向表达高手学习。

刻意训练，死抠细节

找到了自己需要提升的点之后，接下来最重要的就是要刻意训练，死抠每一个细节。我接受过很多次这样的魔鬼式训练，在汇丰银行工作的时候，我的每一堂培训授课都会被全程录下来。课后，我需要自己看录像，进行复盘，同时还会有其他老师对我的录像进行点评。

通过回看录像，我发现了很多自己没觉察到的小毛病。例如刚开始讲课时，我会无意识地迈步，身体幅度较大。当观察到这一点后，讲课时我就会刻意训练这一点，大部分时间我的双脚都会固定在同一个地方，必要时再提醒自己有意识地走动。经过三次讲课，我就把这个毛病改过来了。后来我还发现自己有口头禅，一紧张的时候就会重复说"嗯""然后"这类词，为了改掉口头禅，我开始统计自己每次在课堂上讲口头禅的次数，然后立下目标，刻意训练自己每次都要比上一次课堂少说三次口头禅，这一毛病我用了差不多一个月的时间才基本改掉。

当你找到自己需要提升的地方时，不要想着一次就全部提升，我们每次只需改一个小点。就像我每次看录像的时候都会发现自己的很多问题，但是在接下来的几次刻意训练中，我只会集中火力攻克一个点，把这一点纠正了，再去改下一个点。这样的提升速度比同时关注好几个点要快得多。

由简入手，逐渐增加难度

在我和学员交流的过程中，我发现大部分表达力不太好的人，其实都是因为不敢表达，如不敢直播、不敢写文章、不敢公开分享。究其原因，其实都是因为你将要讲、要写的内容想得太复杂了。

两年前的我是绝对不敢想象，如今我会写出这么厚的一本书。因为我是一个不爱写作的人，刚开始连发个朋友圈都很费力，修修改改短则 30 分钟长则一个小时才能写好一篇短文案。后来我找到了一个方法训练自己，那就是先从简单的小步骤开始，一步步提升自己的写作能力。

我把这个方法分享出来，学会此方法，你也可以轻松地写作。具体方法如下：

① 先从写一两百字的朋友圈文案开始训练，训练到随时随地看到一个素材，10 分钟之内就能写出一篇朋友圈文案。文案内容就像小学一二年级看图写话的要求一样，有时间、地点、人物、故事和观点。10 分钟写一篇微短文，这个不难吧？

② 训练自己写两三百字的短视频文案。一条一分钟的短视频，正常语速的话，所讲内容大概是 280 ~ 300 字，比朋友圈文案稍微长一点点。这类文案同样是小作文，只需要我们在开头加个“钩子”，讲一个话题梗，吸引别人看下去；然后再来阐述你的观点；最后总结升华一下。30 分钟写一篇短视频文案也不难吧？

③ 一篇短的公众号文章 1000 ~ 2000 字，相当于 10 个朋友圈文

案或 5 ～ 6 篇短视频文案。公众号文章的写法也特别简单，每一篇公众号文章大概由 3 ～ 5 个小段落组成，再加上开头和结尾，6 个步骤就可以完成一篇：选主题、找素材、列提纲、写初稿、修改定稿、打磨标题。新手稍微训练一下，1 ～ 2 个小时完成一篇公众号文章，完全可以做到。

④ 一本书 8 万～ 10 万字，就相当于 40 ～ 50 篇公众号文章的合集而已。

你看，才 4 个步骤，就能达成自己的写书梦。提升口才也一样，先从 30 秒的自我介绍开始训练，再到 6 分钟的个人故事，再到分享一小时干货。不断训练，慢慢提升难度，你一定可以成为直播高手、讲课达人。

提升表达力并不难，只要你将本章我分享给你的方法理解透彻并且运用起来，经过一段时间的刻意训练，你一定会发现自己原来就是表达高手。那就从这一刻开始行动起来吧！

三个提升表达力的核心秘籍

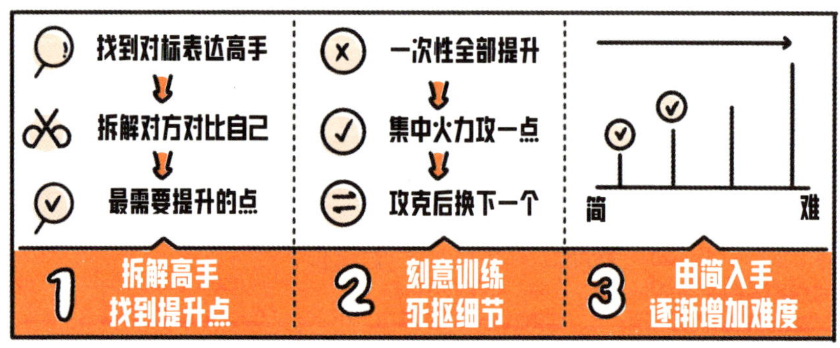

04 连接力

安东尼·罗宾说过这样一句话："人生最大的财富便是人脉关系，因为它能为你开启所需能力的每一道门，让你不断地成长、不断地奉献社会。"

写这本书的时候，我认真盘点了一下，我发现自己真的太幸运了，原来我生命中很多非常重要的机遇，都是我的朋友或贵人给的：

· 大学毕业就进入500强企业工作，是大学辅导员推荐了我。

· 孤身去澳洲留学时，是在线上社区认识的朋友帮我提前租了学区房，也是这位朋友陪伴我度过了最初的适应期。

· 汇丰银行的面试机会，是银行内部的研究生同学引荐的。

· 进入知识付费领域，是我的一位好朋友带我入行的。

· 我和我先生能够相遇，也是源于我前同事的介绍。

要是没有和他们的连接，就没有今天的我，可见连接力有多么重要。有人说人脉是财富的一部分，也有人说成功 = 知识 + 人脉。虽然我们打造的是个人品牌，但在这个过程中，我们会跟很多外部的关系产生连接，如在社群里会跟其他群友产生连接，学习的时候会跟老师、同学产生连接，交付的时候也会跟学员产生深度连接。

在我的社群中，有一位小伙伴叫小M，他平时在社群里表现得比较活跃。如果有其他同学在群里发言或者报喜，他都会主动赞美，也会在群里主动分享一些对其他小伙伴有价值的内容。后来我观察到，每次我们社群中有成交实操的时候，购买小M服务的人都比较多，有一次小M还得了销售冠军。

小M就具备这种连接力。在互联网时代，连接力为什么如此重要？因为我们每个人即使再优秀也只是一个个体，是一个小点，最多只能成为一个闪闪发光的点，而连接力强的人很善于跟同频的人组成一根线，再进一步破圈成为一个面，最后影响更多的人成为一个立体的生态圈。

我将连接力在打造个人品牌方面的作用总结为4点，我们一起来看一下。

1. 让你掌握信息差

在打造个人品牌的时候，我们通常会把大部分时间花在精进自己的专业上，对自己不太熟悉的领域，就没有精力进行实时关注。但如果我们有很好的连接力，在各行各业都有几个关系很好又很专业的朋友，他们就能帮助我们第一时间掌握信息差，例如你的家人生病了，你咨询医生朋友，就能知道谁是这个领域内最好的医生。在关键时刻，信息差就是财富差，最好的投资机会从来都是在小圈子里分享的。

2. 让你快速破圈

无论你在原来的领域多么优秀，当你开始打造个人品牌时，在个人品牌这个领域里，你就是新人，无论是专业能力还是对这个行业的了解，都是有很大提升空间的。有了同频盟友的帮助，你就可以更快破圈。

我的朋友游侠，是一名海外创业者，也是一位专业的理财顾问，刚开始打造个人品牌时，他因为很善于与人连接，很快就有了一批超级盟友。在他第一次做影响力大事件时，超级盟友们都愿意与他连麦，帮他加油打气，当一群很厉害的人都在推荐他时，他的影响力一下子就提升了。

3. 拥有更好的市场口碑

想象一下，如果在很多场合中、不同圈子里，你都听到很多人说这个人很不错、值得交往、专业也很强，那么不管你有没有见过对方，你都会很容易对这个人产生信任，这就是那个人连接力强的结果。所以提升连接力，可以帮助一个人拥有更好的市场口碑。

4. 拥有更多机会

真正能够给我们的事业和财富带来重大突破的，往往不是我们的努力，而是我们及时抓住的机会。而提升连接力，可以让我们拥有更多机会。《金刚智慧》这本书中提到了种子法则，认为在人际关系中多为别人付出，种下好的种子，这些好种子也许会给你带来大机会。

既然连接力如此重要，那如何增强连接力，成为一个受人欢迎、拥有强大人脉链接网的个人品牌呢？

连接力助力我们成为受欢迎的人

先来提一个问题：你自己喜欢什么样的人？请你先停下来思考一分钟，可以把答案写下来。

在我看来，一个受欢迎的人，首先是让别人感觉舒服的人，如果你能做到以下三点，你就是一个能让别人感觉舒服的人。

用对方喜欢的方式，为情感账户存款

你知道吗？其实每个人与他人之间都有一个看不见的情感账户，史蒂芬·柯维在《高效能人士的七个习惯》一书中指出："你必须把每一次人际交往，都看成是在他人情感账户内存款的一个机会。"当然，这个存款，必须是用对方喜欢的方式。

美国的盖瑞·查普曼博士在他的著作《爱的五种语言》中提炼出 5 种为情感账户存款的方式，适用于任何关系。

第一种爱的语言：精心时刻，花高品质的时间用心陪伴对方。

第二种爱的语言：精心的礼物，重点在于精心，而不在于花费多少钱。

第三种爱的语言：服务的行为，也就是说，在对方需要的时候，尽量主动地为其提供帮助。

第四种爱的语言：身体的接触，例如一个温暖的拥抱。

第五种爱的语言：肯定的言语，看到对方的优点，发自内心地真诚赞美、认可和鼓励对方。

这 5 种为情感账户存款的方式，我在做恋爱教练的时候，经常将其分享给学员。后来转型成为个人品牌商业顾问后，我发现在恋爱中用商业脑、在商业中用恋爱脑是非常有效的连接方式。也就是说，在全情投入一段感情之前，先用商业脑客观评估一下对方合不合适；而在商业中，要感性一点，对待客户有时要像跟其谈恋爱一般。在我的实操过程中，有三种存款方式，适用于大部分商业关系。

1. 真诚的赞美

我的社群活跃度很高，氛围特别好，因为我会定期发起赞美计划，鼓励大家每天真诚赞美一个人，这个人可以是社群里的同学，也可以是自己的家人。有位学员反馈说，她的先生在第一次听到她如此认真的赞美后吓了一跳，还以为她犯了什么错。随着她赞美次数的增加，夫妻之间的交流越来越多，老公也对她越来越好。所以说，好关系都是夸出来的。

我相信很多人都知道赞美很重要，但大部分人的赞美都是干巴巴的，根本无法打动对方。其实，赞美这个能力也是可以通过刻意训练提升的。那要如何走心地赞美他人呢？分享给你一个好用的公式：

一个真心的赞美 = 一个赞美点 + 两个证明 + 一个问题

具体可以这样做，如果对方是老板：

老板，你最近教我们的这些销售方法太有用了（一个赞美点），我前天跟一个客户聊了 5 分钟，他就直接转钱给我；昨天的三个咨询也全部成交了（两个证明）。老板，你的销售力真的是太厉害了，你是天生就擅长销售，还是后天训练出来的（一个问题）？

如果对方是学员：

我发现你这几次直播功力大涨（一个赞美点），首先，你在直播间更会跟他人互动了；其次，我看你每次的直播数据都比上次好（两个证明），你是怎么做到进步这么大的（一个问题）？

用这个赞美公式赞美别人，别人会觉得你的赞美很真诚、很走心，接下来就让我们来练一练吧。

练一练

- 提赞美对象_______，一个赞美点_______ +

证明 1______ + 证明 2_______ + 一个问题_______

2. 走心的礼物

我本人其实是一个对礼物没有太大感觉的人。但是有一次过生日时，我感受到了礼物的威力。

某一天，我先是收到一条信息，我的学员说要给我们家送甜品。过了一会儿门铃响了，我果然收到了全家每人一份的甜品。又过了一会儿，门铃再度响起，我又收到了一个巨大的礼物盒，还是同一个人送的。我打开一看，里面是一个生日蛋糕，蛋糕上插着我和老公的非常逼真的人像模型。从这个蛋糕上的每一个细节、每一句祝福中，我都能看得出对方很用心。我当时特别感动，也为对方在我的情感账户上存下了一笔巨款。

这次收礼物的感觉让我开始重视送礼，关于送礼这个话题，我还专门召集我的私教学员们，让大家分享一下自己收到过的或者送出去的最打动人心的礼物。下面，我有一些金点子分享给大家：

· 用心写一封信，回忆彼此认识和交往的细节，真诚、走心地赞美对方。

· 送给对方一份全家福拍摄服务，为其留下幸福的瞬间。

· 在直播间无意中提了一句最近直播很累，就收到一张当地的按摩卡。

· 为对方录一首歌，歌词是为对方量身定做的。

· 先告诉父母工作太忙，不能回家过节，然后突然出现，把自己当作“礼物”送给他们。

· 对方说寄一本书过来，没想到寄了一箱书，每一本都说明了为什么送的理由。

结合我自己的生活实践，我提炼出了 5 个送礼的关键点：

① 送礼的关键不在于礼物的价值有多高，而在于是否用心，用心才能打动对方。

② 最好的礼物是让对方觉得这份礼物是为对方特别挑选，或量身定做的，是独特且唯一的。

③ 礼物怎么送出去，有时比送什么更重要，送礼要有仪式感和惊喜感。

④ 尽量避开大家都送礼的日子，也尽量不要送大家都会送的礼物。比如中秋节就不要送月饼了，送这样的礼物就是在例行公事。

⑤ 这份礼物最好常常能被看见，每次看见，就能唤起他对你的记忆。

练一练

- 努力送出一份能让对方感动落泪的礼物。

3. 关键时刻的陪伴

锦上添花，不如雪中送炭。如果在对方最低谷、最落魄的时候，你能够看见他、陪伴他，这份陪伴就会在对方的情感账户上投下重重的一笔。

每一个创业者都会遇到低谷，我也不例外。有一次我把我的低谷写进了周记，发到了一个私塾班的同学群里，当时已经接近深夜12 点了。我没想到周记发出去之后，立刻就有人从中读出了我的情绪。好几个同学立刻给我发来了温暖的鼓励，那一刻我忍不住感动落泪。

如果你发现周围有朋友或者伙伴正在经历人生的低谷期，即使这个低谷跟你没有任何关系，你也可以伸出援手，在他最脆弱的时候陪伴他、鼓励他，有时甚至只需要在电话一端静静地听对方哭一阵就好，不用多说什么，这份陪伴本身就是最好的鼓舞。

主动为他人创造价值

关系的本质是价值的交换。在现实中，没有人会拒绝一个为自己创造价值的人，所以我们要具备为他人创造价值的实力。

我每周会预留出 3 ~ 5 个小时，主动跟一些朋友相互交流，在交流过程当中，我会毫无保留地把自己的经验分享给对方，努力为对方创造价值。其实我在这样做的时候，不仅是我帮助了对方，对方也会毫无保留地跟我分享他的经验，我们彼此的好感度都在大大增加。

我经常为他人创造价值的方式是：

① 主动分享自己的经验干货。

② 为对方答疑解惑。

③ 为他人介绍他所需要的资源。

④ 在对方需要的时候为他加油打气。当然，如果你发现自己没有能为别人提供价值的能力，那你就继续往后读，因为后面我会教你如何将自己的优势打磨成产品，为他人提供价值。

离"我"远一点

有一次，我和一位我特别景仰的高人吃饭，他说下次要送我一幅字，上面就写"离我远一点"。我当时很困惑，他为什么要送我这样一幅字？直到听完原因后我才恍然大悟。原来，这位高人说，这个"我"就是自我，如果我们在人际关系中都把"自我"放下，多关注一下别人，那么这个世界上的矛盾会少很多，烦恼也会少很多。

我的一位老师就是这样一个离"我"远的人。他曾经培养出来的两位弟子，离开他自立门户，并抢走了他一半的客户。照理说他应该跟这样忘恩负义的弟子断绝关系，但几年后，我的这位老师却在这两个弟子有困难的时候帮助了他们。我问他为什么能做到不计前嫌，他笑着说："当初他们应该也是遇到困难才会这么做吧，谁都有困难的时候，能帮就帮一下。"我的这位老师就是因为有这样的格局，把"我"放下，看到了别人的不容易，所以他赢得了更多的人心。

《高效能人士的七个习惯》中有这样一个故事。凌晨，安静的地铁中有三个小孩在嬉戏吵闹，作者非常不满地提醒他们的爸爸管管孩子，这位爸爸抬起头来一脸茫然地说："是吗？对不起，他们在今天凌晨刚刚失去了妈妈。"就这么一句话，让原本在作者眼中调皮的孩子，看起来瞬间就不调皮了。

任何一个负面行为背后可能都有一个正面动机。孩子没有及时完成作业，可能是因为他们想做得更认真些。对方抢了你的客户，可能是为了不让自己的企业倒闭，能够发工资给员工。如果能够把"我"放下，找到别人行为背后的正面动机，真正做到懂对方，而这份"懂"可以让你们的关系快速升温。

这里我介绍一个离“我”远一点的公式：

他这么做，可能是因为……

（站在对方角度，列出 10 个以上的理由）

别人再怎么让你生气的行为，一旦你为此列出了 10 个以上的理由后，你就把“我”放下了，渐渐能理解他为什么这么做了。接下来我再给大家介绍几个好用的共情力表达公式，当你用这些公式来表达的时候，你就可以离“我”远一点，离对方近一点：

① 明白，如果我是你，我也会……

② 我非常理解你的心情，你是不是现在感觉很……（描述对方此刻的心情）。

③ 站在你的角度，我的确会感觉……

④ 如果我经历了你身上发生的这些事，我也会感觉……

有人说人都是自私的，要做到离“我”远一点很难。也正是因为难，所以那些能做到的人就更能赢得人心，更有人格魅力，更容易建立起自己的个人品牌。

希望大家在用了这三个方法后，都能成为一个让人舒服的人。接下来我们看看如何更好地管理我们的贵人。

做到三点成为一个受欢迎的人

1 用对方喜欢的方式，为情感账户存款

真诚的赞美

“1个赞美点+2个证明点+1个问题”

走心的礼物

- 用心
- 有稀缺感
- 有仪式感和惊喜感
- 避开大家都送的礼物和日子
- 让礼物常常被看见

关键时刻的陪伴

情感账户

2 主动为他人创造价值

3 离“我”远一点

- 放下自我，多关注别人

他这么做，可能是因为……

1. ______
2. ______
3. ______
……
10. ______

7-30-120 表格让你精准管理贵人

西奥多·罗斯福曾说过：“成功的第一要素是懂得如何搞好人际关系。”卡耐基经过长期研究得出结论：“专业知识在一个人成功中的作用只占 15%，而其余的 85% 则取决于人际关系。”在中国社会中，人脉对一个人的重要性不言而喻，拥有了广泛的人脉以及拓展人脉的能力，你就在成功路上走出了一大步。那么，什么是人脉呢？

人脉就是经由人际关系而形成的人际脉络。牛津大学的人类学家罗宾·邓巴在 20 世纪 90 年代提出过一个著名的定律——“邓巴数字”。该定律根据猿猴的智力与社交网络推断出：人类智力将允许人类拥有稳定社交网络的人数是 148 人，四舍五入大约是 150 人。社交网络可以让我们跟很多人产生连接，但大约只有 150 人会进入我们的内部圈，跟我们发生一年至少一次以上的互动，保持联系。所以我们并不需要认识很多很多人，我们只需要认真挑选这 150 人，并且将他们分层管理，就能大大提升我们管理人脉的精准度和有效性。

张萌在《人生效率手册》中提出了 10/20/150 法则，《给予者》一书的作者朱迪·罗宾奈特提出建立“5+50+100”的个人关系网络模型，基于此，我也根据自己的经验积累，提炼出了我的 7-30-120 人脉管理工具，按照亲疏远近的关系来分层管理我们的人脉。让我们一起来看看吧！

7——核心人脉

我们生命中的核心人脉有 7 个，是我们生命中至关重要的关系，值得我们花时间和精力来精心维护，这中间可能包括我们的爱人、孩子、父母、兄弟姐妹、业力伙伴等。数字 7 也代表一周，把这 7 个人填到你的周计划中，每周中至少有一天和其中一个人亲密互动一次。在这段互动时光里，把所有注意力都集中在这个人身上，全身心地跟对方在一起，即使只是跟对方打电话也要全神贯注。

30——关键人脉

具体是指我们当下 30 个重要的关系人，数字 30 也代表一个月。这 30 个人和我们年度目标的达成有很强的关联，他们中可能包括我们的核心团队成员、VIP 客户、关键供应商、领导、老师、节点人物等。节点人物指的是比较有影响力，通过他你可以进入一个新圈子的关键人物，比如群主、商会会长、家委会代表等。

把他们的名字按照联系的频率，填到你的月计划中，有些人可能需要每天互动，有些人是每周互动一次。这 30 个关键人脉，你至少每个月要与之认真互动一次。在互动的当天，你可以用上我们前文提出的赞美公式，发自内心地欣赏、赞美对方，并尽可能为对方创造价值。当我们把他们的名字填到月计划中时，我们就不会把他们遗忘。

120——重要人脉

具体是指对我们未来三五年的发展非常重要的 120 个人，数字 120 也代表一个季度，他们中间可能包括你的重要客户、潜在客户、关键渠道、团队接班人、培养对象等。在选择这 120 个人时，尽量选择跨行业、跨圈层的，这些人能帮助你认识各行各业的人。在这 120 个人中，至少要有一位医生朋友、一位律师朋友、一位会计朋友、一位理财专家、一位新媒体的朋友等，这样当我们在这些方面有需要的时候，我们就有信得过的朋友可以咨询了。

这些人我们一个季度至少要联系一次，有些重要的人可能每个月要联系一次。把他们填到我们的季度计划中，定期跟他们沟通互动。

在选择这 7–30–120 人脉名单时，我们要慎重挑选，因为时间花在哪里，效果就出在哪里，我们要把重要的时间和精力花在对我们来说最重要的人身上，同时拒绝不必要的无效社交。每过半年、一年，我们都可以重新审视一下这份名单，重新进行调整。记住，我们的时间有限，只能维护 150 人左右的交往圈，所以要精心挑选这些人，我们跟谁在一起决定了我们未来发展如何，决定了我们会成为什么样的人。

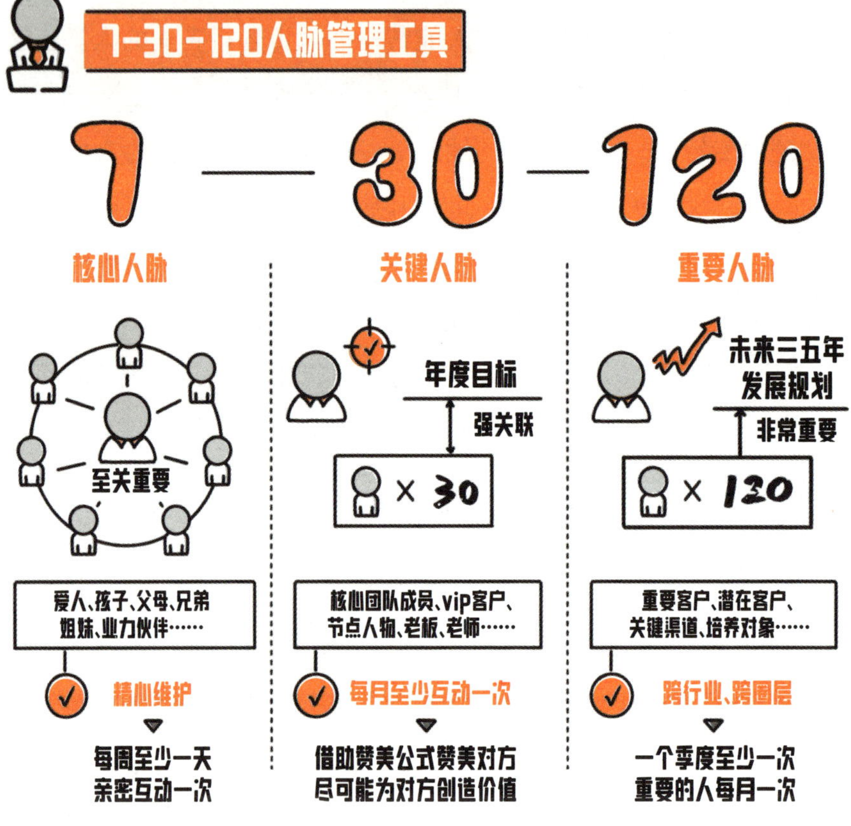
7-30-120人脉管理工具
7—30—120
核心人脉
至关重要
爱人、孩子、父母、兄弟
姐妹、业力伙伴……
精心维护
每周至少一天
亲密互动一次
关键人脉
年度目标
强关联
× 30
核心团队成员、vip客户、
节点人物、老板、老师……
每月至少互动一次
借助赞美公式赞美对方
尽可能为对方创造价值
重要人脉
未来三五年
发展规划
非常重要
× 120
重要客户、潜在客户、
关键渠道、培养对象……
跨行业、跨圈层
一个季度至少一次
重要的人每月一次

如何把陌生关系推进到深关系

季羡林曾经说过，一个人活在世界上，必须处理好三个关系：第一，人与大自然的关系；第二，人与人的关系，包括家庭关系在内；第三，个人心中思想与感情矛盾及平衡的关系。这三个关系，如果能处理得很好，生活就能愉快；否则，生活就有苦恼。我们打造个人品牌时需要提升的连接力，其实就是人与人的关系。

而人与人之间的关系有一个“陌生关系→浅关系→中关系→深关系”的发展过程，我将其称为关系递进图。我在本节分享的方法，将会帮助你与他人的关系，快速从陌生关系层层推进发展到深关系，这个方法会让身边的人更喜欢你，也能帮助你提升流量转换率。

陌生关系→浅关系

现在我们跟很多人认识都是通过微信，刚刚加上微信的时候，我们彼此都还很陌生，这个时候我们可以通过三个动作把彼此的关系快速推进到浅关系。

1. 及时发一份让对方印象深刻的自我介绍

通过文字的方式，也可以通过短视频的方式，或者是通过一篇公众号个人品牌故事，让对方在最短的时间内了解你。在这份自我介绍中，我们要告诉对方，我们能为他提供什么价值。以下是我写的一份模板，供大家参考。

姓名	
坐标	
定位	
标签	
最有成就感的三件事	
我能提供的资源	

2. 给对方的朋友圈留言

最快速了解对方的方式，就是去看对方的朋友圈，看对方的视频号。在看的同时可以给对方的朋友圈写几条走心的评论，关注一下对方的视频号。

3. 跟对方简单互动

在看完了对方的朋友圈和视频号后，我们基本上会对对方有个大致的了解，这时候我们就可以跟对方进行简单的互动。注意每个互动以问号结尾，这样才能把谈话推进下去，例如：

· 我看到你昨天发的朋友圈里，那家蛋糕店里的蛋糕很诱人，是在哪里呀？

· 我刚刚看了你拍的短视频，原来你是一位律师呀，佩服佩服，你是主攻哪方面的律师呀？

· 刚刚在朋友圈看到你家小宝贝，眼睛好大，好可爱呀，他现在几岁啦？

这里总结一个“互动的公式”：

我看到你的……+ 走心的赞美 + 提一个问题

只要做完以上三步，你们彼此之间就会有大致的了解了，那么你们就进入了浅关系。

浅关系→中关系

从浅关系到中关系的关键是你们彼此之间有价值互换。一般来说，可以通过以下两个步骤来做到。

1. 你主动为对方提供价值

如果你看到对方在朋友圈中发出了一些求助或者提问，而你刚好能帮到对方，你可以主动建议。例如：

· 我刚刚在朋友圈看到你发的文案，写得真不错呢，刚好我是一名文案教练，出于职业习惯就动手帮你改了一下，你看看怎么样？

· 看到你在问有没有合适的游泳教练推荐，我可以把我儿子的游泳教练推荐给你，你在哪个区呀？

2. 向对方提出一个小请求

当我们帮助了对方以后，有来有往，我们也可以向对方提出一个小请求，注意一定要是一个对方很容易做到的小请求。例如你可以询问对方："我看你是 ×× 方面的专家，我能咨询你一个问题吗？"在浅关系中，千万不要向对方提出购买、点赞等请求，最好是真诚地向对方问一个他专业内的问题。

当我们主动给对方提供了价值，又请对方帮了我们一个小忙之后，我们就已经与对方完成了一轮价值交换，这就好比我们做饭的时候，去隔壁邻居家借了根葱，等菜做出来以后，又端了一碗做好的菜送给了邻居。这样的互动越多，就会越快地把关系推进到中关系。

中关系→深关系

深关系可以理解为就是你 7−30−120 人脉中的关系。从中关系升级到深关系最简单也最高效的办法，就是其中一方付费成为对方的客户或学员，或者彼此互为客户。只要在价格允许的范围内，我经常主动购买对方的一些产品或服务，这样我就升级成了对方的客户，我们的关系自然就不一样了，瞬间就亲近了很多。

结合我们前面学习的销售力，把对方升级成你的客户后，你就有责任和义务去服务对方，在服务的过程中，你们的关系一定会慢慢加深。如果对方没有产品进行销售，也不会购买你的服务，那么把中关系推向深关系的唯一方式就是提高互动的频率和质量。你们的交流互动越频繁，交往的深度越深，彼此的价值互换越多，关系自然就会越深。

想要长久地保持深关系，有一点很重要，就是彼此之间价值对等，如果一方永远处于给予方，另一方永远处于付出方，那么这样的关系是无法维持平衡的。所以想拥有更多高品质的深关系，还需要我们努力提升自己的实力，让我们有能力为对方提供价值。

这些方法都是我实践出来的，你一定要试试看，很快你就会发现自己变成了一个连接力超强的人。

如何将陌生关系推进到深关系

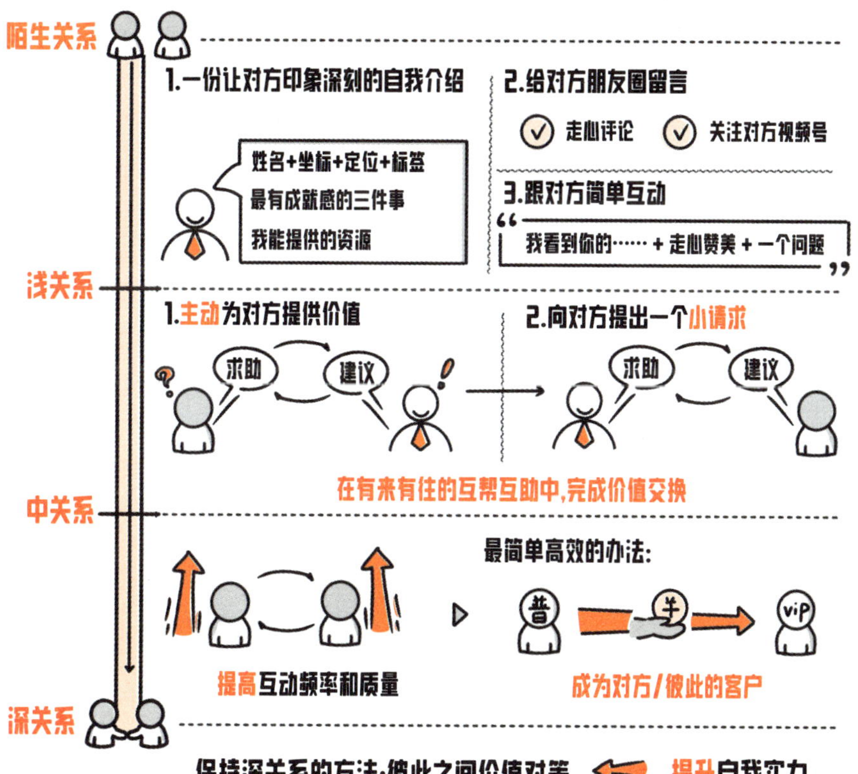

连接力是一辈子的功课

连接力具体的体现其实就是关系。连接力不仅对于打造个人品牌很重要，也以各种方式影响着人生的方方面面。不管你的事业、财富、家庭状况如何，如果你烦恼诸多，那你一定存在人际关系的卡点；如果你春风得意，那你也一定有人际关系的助力。

在职场、生活中，你会发现那些生活轻松自在的人、那些事业有成的人，都是非常善于经营人际关系的。而那些小心翼翼、兢兢业业的人，常常有“怀才不遇”的感觉，这些人往往在人际关系上“爱憎分明”，原则性很强，这个看不惯，那个看不顺眼，结果导致自己人际关系紧张，处处碰壁。

俗话说：千人千面，万人万解。每个人的生长环境、教育背景不同，生活经历不同，所秉持的价值观不同，对同样一件事的看法也不同。在一些人眼里很正常的处理方式，在另一些人的眼里就会变得不可理喻、无法接受。

所以，著名心理学大师阿德勒曾说：“人的一切烦恼，全都是人际关系的烦恼。”不仅如此，人类所有的幸福，也基本都来源于关系。关系就是人和人之间的一种互动和碰撞。你在人际关系上有什么样的价值观，就会采取什么样的互动方式。我们的很多成长都是在关系的碰撞中获得的，因此处理好关系是我们一辈子的功课，那我们该如何修好这门功课呢？

在人际关系中，人人都是一面镜子

在人际关系中，每个人都是彼此的镜子，能照见自己的好，也能照见自己的不好。具体来说，你所欣赏的，就是与你同频的，这就是你的好，你的优点；你所厌恶的，其实也是你的不好，你的缺点。

在一次培训课上，老师要求大家说出对别人的真实感受。有一个人对我说："你知道吗？其实刚开始的时候，我很不喜欢你。"我吃了一惊，因为我自认为跟她关系还不错。她又说："刚开始的时候，我觉得你这个人太张扬，还有点自吹自擂，只关注自己，不关注别人。"

真正让我有感触的，是她后面所说的话。她接着说道："后来，我越来越意识到，你身上所有我不喜欢的那些点，比如，你敢于展现自己，敢于自我销售，你敢的这些东西，其实都是我不敢的，但又是我渴望拥有的，所以我才看不惯你。"

听到她这么真诚地跟我表达，我特别感动。后来我也反思了，那些让我特别讨厌的人，仔细想来其实也正是因为他们做了我想做而不敢做的事情。所以，当你遇到喜欢或者讨厌的人时，你可以借此内观自己，这也是一种很好的成长方式。

越痛苦的关系，越能够帮助你成长

在人际关系中，帮助我们成长的，往往不是那些让我们感觉在一起时很舒服的人，而恰恰是那些让我们感觉特别痛苦、特别讨厌的人，甚至有时越痛苦的关系越能够帮助我们成长。

一个人之所以让你讨厌，很大程度上是因为他做了你不敢做的事，他拥有你潜意识里想拥有而不敢拥有的东西。所以在人际关系中，我们要时常关注有什么是自己讨厌的，有什么是让自己感到痛苦的。只要找到讨厌的点，找到痛苦背后的原因，冷静地分析、甄别，我们就可以有的放矢、自我修炼、自我完善，成为更好的自己。

放弃自己的好恶感

前面我一直在强调，连接力对打造个人品牌很重要，尤其是在新手阶段，我们要善于团结一切可以团结的力量。所以在与人交往时，你一定要学会用我分享的方法，做一个让自己舒服，也让别人舒服的人。

而且，在人际交往中，我们不仅能从别人身上照见自己，我们也在当别人的镜子，所以在与人沟通时，我们要放弃自己的好恶感，做到客观公正，不轻易评判。

相信每一个读完这一章节的人，却能够成为连接力超强的人。

三个要点助力连接力修炼

1 人际关系中，人人都是一面镜子

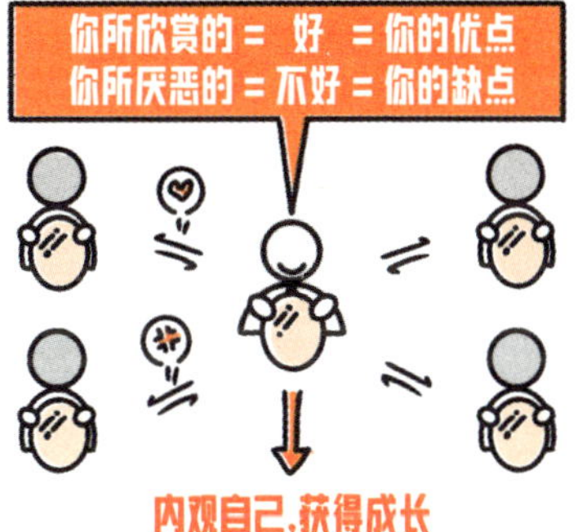

2 越痛苦的关系，越能助力成长

3 放弃自己的好恶感

05 行动力

不知道你有没有发现，厉害的人和普通人之间的区别，其实是行动力。那些真正厉害的人，行动力都超强。

曾经有位大咖老师跟我讨论如何设计一款新产品，我们讨论了这款产品要包含的具体服务内容、交付方式以及要为该产品起什么名字。仅仅过了 30 分钟，他就告诉我海报做好了。我正要感慨，这行动力也太强了吧！然后他告诉我，刚刚他已经在朋友圈发布了，而且已经有一位学员付费了。从设想到第一个学员报名，整个过程只用了 30 分钟！这行动力是不是强到令人恐怖？

在辅导学员的过程中，我发现有一些极有才华、有能力的学员，因为行动力太差，而迟迟出不了结果。几年前我刚开始打造个人品牌的时候，有好几个朋友都说要和我一起打造，但如今我已经成功了，他们大部分人还在观望。我并不比他们优秀多少，只是因为我行动了。

以前我们都说“知识改变命运”，然而如今大部分人都不缺知识，如果你依然觉得生活不如意，很大可能性是你缺乏行动力，“知识 + 行动”才可以改变命运。

那么，到底什么是行动力？又是什么在阻碍我们的行动力？如何才能拥有行动力呢？本章内容将为你一一揭秘。

行动力是什么

行动力是指策划战略意图，具备超强的自制力，同时能够突破自己，实现自己想做而不敢去做的，或者是自认为能力不足的事，制订计划就下定决心一定要去实现。由此可见，行动力其实和人的主观意志有关，通俗上来说就是，一个道理，听了不做，就是鸡汤；听了实践，就是真金白银。

但为什么有些人行动力就很强呢？我咨询过身边很多行动力强的人，我发现他们都有一个共同的特点，那就是凡事都想得很清楚，知道自己为什么要做这件事情，能够把目标具体化，这样才能行动起来。所以我对行动力强的定义就是“知行合一”，一旦知道了一件事应该做，行动就会跟上。行动力不够强的人，要么认知不够，没有真正理解行动的重要性，要么就是不知道如何迈开第一步，所以我会在“如何提高行动力”那一节为你详细拆解如何真正做到“知行合一”。在我辅导学员的过程中，那些率先拿到结果的，一定都是行动力极强的人。所以有人说，行动力是拉开人和人之间差距的关键，这个说法一点都不夸张。

我曾经发起了一场“挑战 10 万 GMV（成交金额）直播间”的活动，有位行动力超强的学员是第一批报名的，也是最先开始直播的。其实和大多数学员一样，她也是从零开始，在报名的学员中，属于直播“小白”。但我布置的任务她都第一时间完成了，结果第一天她就达成了10万GMV的任务。我鼓励她继续挑战，并和她一起拟定了具体的方案，她拿到方案后就立刻执行，其间遇到任何问题都会随时来找我，三天内，她奇迹般地做到了33万GMV。她原本以为自己只能做到5万，这个结果远远超出了她的预期，所以她特别感谢我对她的辅导，但我很清楚，我对所有学员的辅导和支持都是一样的，她做得好是因为她的行动力强。

我自己也是行动力极强的。一年前，我和我所在的领域内的一些朋友们一致决定要写书，大家也都立了目标，但一年后真正把书写出来并出版的人寥寥无几。我很愿意为知识付费，是多位老师的私教学员，往往也能成为他们的超级案例，因为只要我认为老师给的建议是对的，我就会去执行。很多时候老师的建议是给所有人的，但只有行动了的人才会取得成果。所以我发现，你其实并不需要行动力很强，你只要比大部分人强一点点，就足以脱颖而出了。

既然知道行动力对我们打造个人品牌非常重要，那我希望看到本书的你，一定要把书中分享的方法用起来，因为只有真正实践了你才能感受到效果。

阻碍你行动的三只拦路虎

作为一个行动力超强的人，我在很长一段时间里，都无法理解那些迟迟不行动的人究竟是怎么想的，直到我接触了很多学员，并且在陪伴他们迈出第一步的过程中慢慢意识到，其实不是他们不想行动，实在是有一些因素限制了他们的行动。我将其称之为行动路上的“拦路虎”，下面我总结了最常见的三只，快来看看你有遇到吗？

完美主义，自我苛责

大多数人总觉得自己还没有准备好，于是就不断徘徊在准备中，迟迟迈不开行动的第一步。

有的朋友想要做直播，但觉得自己的形象还不够好，于是先上网买衣服；衣服买回来后，又觉得背景墙不够完美，于是再上网买背景墙纸、买绿植、买画；这些都准备好以后，又觉得灯光还不够亮，于是再上网搜什么样的灯最好……结果一个月过去了，他却依然没有开播。

还有的人想锻炼身体，决定从最简单的跑步开始，先是觉得自己没有合适的跑鞋，怕伤到膝盖，花了很久才决定买什么样的跑鞋，之后又花了很久购买跑步装备，如专业的跑步衣服、跑步时听歌的蓝牙耳机、可以随身携带的水袋，甚至还请了一个跑步教练。结果一通操作猛如虎，买完这些跑步专业装备后，他没坚持多久又想练瑜伽了。

你身边类似这样的例子是不是很多？这其实就是内心的完美主义在作祟。想要克服完美主义，唯一的办法就是给自己设置截止日期。想要直播，就给自己设定最晚开播时间，到那个时间后，不管你有没有准备好，都要开播。

在我的一次私房课上，我给学员设置了一个开播时间，规定大家在那天要跟我直播连麦。从通知到开播只有5天时间，在这有限的5天内能准备到什么程度就准备到什么程度，结果每个人都做到了。

很多时候，你会发现留足够长的时间和留非常短的时间，对结果来说区别其实不大。如果你是一个完美主义者，请你从现在开始给自己要做的每件事情设置一个交付日期，最好把这个日期广而告之，请人监督，并实施奖惩措施，这样就可以避免无限制拖延了。

假设困难，画地为牢

还没有开始行动，就开始担心行动后的困难。比如还没有开始发朋友圈，就开始担心同事、朋友看到你发的内容会怎样评论；还没有开始销售产品，就开始担心别人拒绝怎么办。其实，很多困难都是我们想象出来的。我们要先明确一件事，就是未开始行动时和开始行动后，遇到同一个挑战时，你的认知和能力是不一样的。举个例子你就明白了。同样一块石头，对于8岁的小朋友来说，可能会很沉，他就算使出吃奶的力气也搬不动，但等他长到了10岁，他自然就可以搬动了。

困难就是这块石头，不要以我们8岁时的认知，去看待10岁时才会遇到的困难。当我们还没有开始行动时，我们的认知和能力还在 8 岁，当我们开始行动后，我们的认知和能力就已经在成长了，当真正遇到那个挑战时，我们可能已经可以轻松搬起当年那块沉重的大石头了。人都是在实际行动中成长的。

王阳明说："如人走路一般，走得一段，方认得一段；走到歧路处，有疑便问，问了又走，方渐能到得欲到之处。"每个人的人生就如同走路，只有往前走了，才能走一段，认识一段，当走到岔路口有了疑问的时候，我们的认知就比还未出发前提升了很多，这时我们便可以自己思考或者咨询别人如何选择。

所以，不要假设困难，当遇到真实的问题时，再去解决，凡事都有三种以上的解决方案。

缺乏反馈，丧失信心

其实，最好的反馈是市场反馈。如果我们的产品推出来后有人买，并且销量很好；如果我们的课程，别人抢着报名，并且学员反馈很好，那我们就会越来越有信心，但如果事实恰恰相反呢？

当行动过程中缺乏反馈时，我们很容易怀疑自己，失去信心。这个时候我们就需要一个教练或者一个团队了。需要有人来帮你盘点一下产品设计是不是有问题，营销推广方式是不是可以优化，从而及时纠偏，帮你快速拿到结果，这样才能保住你在刚起步时那脆弱的小信心。

有一次我的课上同时来了两位 60 岁以上的退休人员，她们虽然有专业能力，却从未获得过市场的正向反馈，从未让知识实现变现。所以在上我的课之前，她们一直是没有信心的。两节课后，在我和助教老师的精心指导下，全员开张，她们的信心一下子就回来了。所以我非常强调打造个人品牌前期要及时变现，获得市场的正向反馈。正向反馈会帮助我们坚定地走下去。

想要获得市场的正向反馈，你需要有同伴，有教练。千万不要把自己放在一个全部是负面反馈的环境里。没有打造过个人品牌的人，没有做过销售的人，大概率会打击你，如果你天天跟这些人在一起，就是天天往自己的心窝上扎针。如果你跟正在打造个人品牌的人，而且做得非常好的人共同学习，那你收获的就是正向反馈，就是心灵滋养，就是动力来源。

一个人选择什么样的环境极其重要，尤其是行动力弱的人，特别需要择良木而栖。

阻碍行动的三只拦路虎

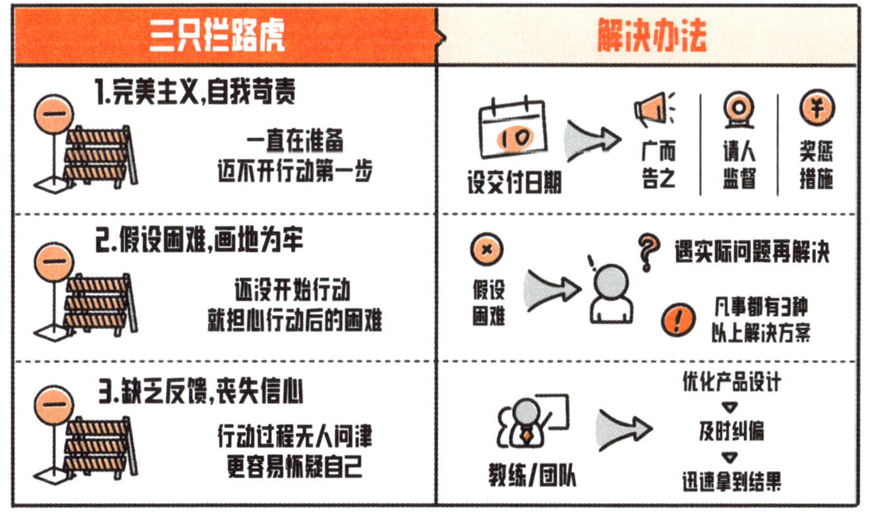

如何提高行动力

有一次，我帮我的学员梳理完定位和产品矩阵后，顺便也把她的个人品牌故事的大致框架给梳理出来了，当时她答应我一周内写完自己的个人品牌故事。然而，两个月过去了，她的个人品牌故事还没有完成第一稿。

在你身上，有没有发生过类似的情况？明明知道这件事要完成，但就是一直拖着没有去执行。如果你对自己当下的行动力不满意，那你有没有了解过自己行动力不强背后的深层原因究竟是什么？接下来，我就带你一起去找寻那最根本的原因。

要做成一件事，需要兼具以下两个条件。

深度思考，提升意愿度

没行动，就是因为不知其重要性！我们以前面学员要完成一篇 2000 ~ 3000 字的个人品牌故事这个小行动来举例，深入分析一下，要如何提升行动力。

王阳明说："未有知而不行者，知而不行，只是未知。"在王阳明先生看来，知道而不采取行动的人，就是不知道其中的道理。一个真正知道并深刻理解这件事情的重要性的人一定会采取行动。一篇几千字的个人品牌故事，之所以拖了那么久还没写完，归根结底还是因为该学员没有深刻意识到这件事情对她的重要性。

所以要提升行动力，首先要提升意愿度。意愿度对你能否做成这件事非常重要。很多人没有行动力，是因为一直没有区分清楚意愿度和能力这两个维度，以为自己是不会做，但实际上大部分人没有行动力的原因，还是缺乏意愿。

如果到目前为止，你还没有完成自己的个人品牌故事，那今天就跟我一起做一下这个动作。立刻拿出一张 A4 纸，在纸上写：我为什么要写个人品牌故事？做这件事对我有什么好处？一直写，不要停，直到写满整张 A4 纸。

我来给大家做个示范：

① 通过写个人品牌故事，我可以对自己过往的人生做个深度梳理，对之前的经验做个总结，让我更了解自己。

② 通过写个人品牌故事，我也可以更加清楚我为什么有资格做现在的定位。

③ 把这篇个人品牌故事写完之后，这就是我的一张名片。我可以把它发表出去，别人看完文章自然就了解我了，不用我再费心介绍。辛苦一次，反而可以节约很多时间。

④ 个人品牌故事的文末，还可以植入我的产品介绍，实现引流和销售。

⑤ 别人帮我介绍客户的时候，只需转发这篇文章，方便别人了解。

⑥写个人品牌故事，可以让别人包括我身边的人更了解我。很多人其实并不知道我过往的故事，他们足够了解我，才有可能成为我的客户或给我介绍客户。

⑦ 通过写个人品牌故事，我可以提升写作力，而写作力是打造个人品牌非常重要的一个核心能力。

⑧个人品牌故事是使用率最高的文章，以后无论是结交新朋友，还是洽谈合作，或发布新产品，都可以使用。

……

如果一张 A4 纸写不完，还可以继续写，写 100 条都行，但其实不需要写到 100 条，你就已经能深刻意识到这件事情的重要性了。如果你对写个人品牌故事这件事情理解得如此深刻，你行动的意愿会不会大大增加？

那么问题来了，如果你目前想不到这么多理由怎么办？如果你对这件事情的认知还没有那么深刻怎么办？你可以去请教已经完成的人，问问他们做完这件事对他们有哪些好处，也可以去咨询老师或对这件事有深刻认知的人。

我在写书的过程中，也曾无数次产生畏难的情绪，尤其是因事耽误几天后，这种情绪更甚。每到此时，我就拿出一张纸，开始列清单，写出写书对我的好处，我也会去咨询所有我认识的出过书的朋友，询问写书给他们带来的好处……越了解，对这件事情的认知越深刻，我就越能长久地坚持下来。

事无巨细，将任务最小化

刚刚我们讨论了梳理事情的重要性以增加意愿度，这件事情要一直做，直到你有了强烈的想行动的欲望。当你百分之百确定这件事情是一定要做的，那接下来的问题就是如何做，这就是能力层面的问题了。

如果做一件事情对你来说很难，那是因为你还没有把这件事切分到足够细。继续拿写个人品牌故事举例，如果你觉得一气呵成写一篇 2000 ～ 3000 字的个人品牌故事太难，那就把这件事情拆分，拆成你觉得不难的小步骤。例如写个人品牌故事这个大任务可以拆解成 10 个小步骤：

① 梳理自己的过往人生，把所有的大事件都列出来。

② 从中挑选出 5 ～ 6 个跟自己目前定位相关的事件。

③ 大概列出写作框架。

④ 开始动笔写每个小故事。

⑤ 把这几个小故事整合起来，加一些过渡语，整合成一篇文章。

⑥ 想一个合适的标题。

⑦ 发给老师或其他人看，获得反馈。

⑧ 持续修改直至满意。

⑨ 放到公众号上，编辑格式。

⑩ 发布出去。

将一个事件分解成几个小步骤，看上去就没那么难了。如果第一步梳理你的过往人生对你来说依然很难，那就继续再往下拆分得更细些，如：

① 你出生在什么家庭中？

② 你在幼儿园时期发生了什么重要事件？

③ 小学时期发生了什么重要事件？

④ 以此类推，初中、高中、大学时期有什么重要事件？

⑤ 你的每一段职场经历给你带来了什么收获？

把步骤进一步细分，回忆每个阶段，这就不难了吧？

如果每一段小故事不会写，那就先从写一句话开始，第二天再扩展成两句话，第三天再扩展成三句话……你发现没有，当我们把任务拆解到足够细，细到在我们的能力范围内的时候，就没有什么事情是我们完不成的。如果你都拆解到非常细了，一些步骤你还是实施不了，但你认为这件事情非常重要，你还可以求助外部资源。你可以付费请人帮你写。所以从本质上来说，只要你把这件事拆解到足够细，你就可以做成任何一件事情。当我把这些分析发给本章开头提到的那位两个月都没有完成个人品牌故事的学员后，她一周内就把故事完成了。

所以，想要提升行动力，只要从以上两个方面来入手就能轻松搞定，你也赶快行动起来吧。

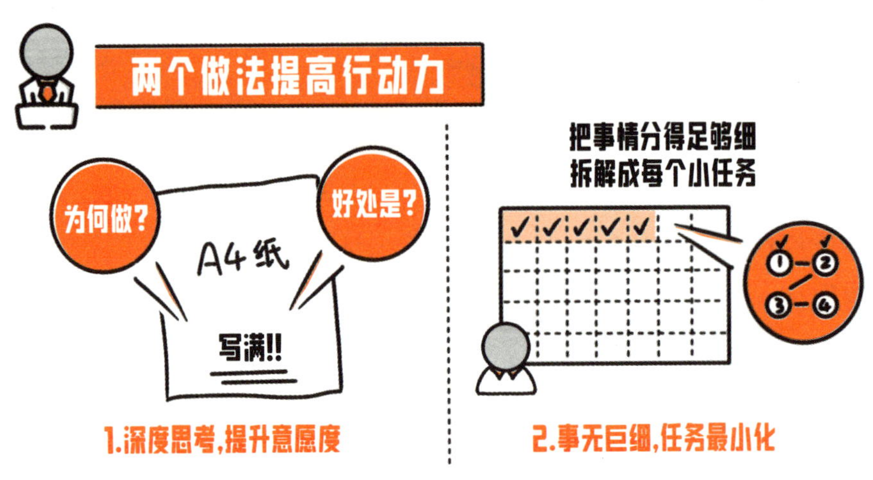

不做什么比做什么更重要

我有个学员行动力特别强，我每布置一个任务，她都会立刻采取行动，同时每天的行程也排得特别满，每日工作十几个小时，几乎没有休息时间。为此我主动跟她沟通了一次，我特别强调行动力强并不意味着整天把自己搞得很忙，时刻都陷在做事里。恰恰相反，有的时候，不做什么比做什么更重要。很多时候，在行动之前你要先思考一下，这个动作属于时间管理的哪个象限。

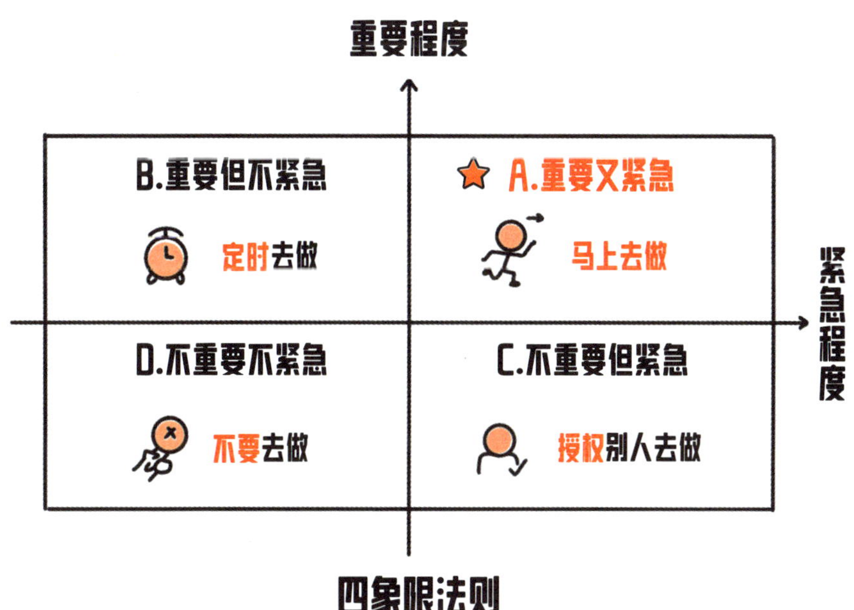

- 重要又紧急：给已经约好的学员做咨询，上课，做直播，运营社群。
- 重要但不紧急：规划每日、每周、每月的计划，每日、每周、每月都进行复盘，梳理知识体系。
- 不重要但紧急：直播前小商店内容上架，回复群内沟通信息，做海报。
- 不重要不紧急：无目的的闲聊。

我让这位学员持续记录了她一周的时间安排，我复盘的时候发现她 80% 的时间都花在重要又紧急的事情上，每天做得最多的就是交付类动作：上课、辅导学员、回复家长信息、直播等，却很少做重要但不紧急的事情，忙到没有时间做规划，做复盘，做 SOP（标准作业程序），更可怕的是她连自我成长的时间都没有了。

于是我赶紧喊停，让她开始做减法，思考哪些事情是可以现阶段不做或少做的。

哪些事情是不应该做的呢？

1. 过于消耗我们能量的事情

Q 收的学生人数比较多，其中有 5% 的学员特别消耗 Q 的能量，Q 在他们身上花费的时间几乎是别人的三倍，但效果却不大。我建议针对此类过于消耗自己能量的学员，可以采取退费或到期不续费的方法。

一个人或一件事如果过于消耗我们的能量，那不利于保守我们的心，要果断喊停。这 5% 的人的学费宁愿退掉，也不要让他们来消耗自己的心力，毕竟我们有更重要的事情要做。

2. 跟我们的核心目标无关的事情

Q 是做英语学习力定位的，帮助孩子提升英语水平，同时也培养其他英语老师。因为她自己的个人品牌变现做得不错，所以就有其他非英语老师定位的人，也想跟她学习如何打造个人品牌。为了辅导这部分学员，她要花很多的时间和精力去做自己并不擅长的事情。其实这类客户群体跟她的核心目标“英语”无关，会分散掉她的精力，我建议她以后就聚焦在自己的核心目标上，只接跟核心目标相关的业务。

类似的情况我自己也遇到过，现在依然有一些培训机构邀请我去做线下培训，有些还报酬不菲。但如果培训内容跟我现在的定位是无关的，我都果断拒绝了。

3. 可以以更高性价比外包给别人的事情

你有没有算过你付出的每个小时值多少钱？其实这个数字完全可以算得出来。

单位小时价值 = 期待年薪 / 2000 小时（2000 小时是我们每一年的有效工作时间，扣除节假日、周末，是按照一天 8 小时来计算的有效工作时间）。

假如说你希望自己年入 30 万，那么你的单位小时价值为 150 元，如果你自己做一张海报需要两个小时，相当于花费了赚 300 元的时间，那不如请专业的设计师来设计，一张海报 200 元左右就够了。Q 希望自己年薪百万，因此她的单位小时价值为 500 元，这么一算，她的很多工作其实都可以外包。她只需要聚焦做自己最核心且最擅长的事情就可以了，而这些事情基本都在重要但不紧急那个象限里，例如研发课程、梳理自己的知识体系、创作优质内容等。经过这样的梳理，Q恍然大悟，原来自己每天那么忙，却没有忙在关键事情上，于是她砍掉了很多不该做的事情，专注于做更有效益的事情。

哪些事情要多做？

每个人的精力和时间都是有限的，那么我们要把有限的资源投入哪里呢？以下三件事一定要多做。

1. 有利于个人品牌增值的事情

也就是让“我”这件产品变得更好的事情，例如提升能力、学习等。

2. 热爱、擅长且能创造巨大价值的事情

在这件事情上你无可替代，并且做得越多越增值。例如，上课对我而言就是这样的事，再累，只要跟学员分享，我就很兴奋，学员也很有收获，我在分享的过程中也会产生新的启发，有利于自我成长。这种我热爱、擅长且能产生巨大价值的事情就值得多做。

3. 滋养自己的事情

例如陪伴家人、冥想旅行、按摩放松等，我们越开心，状态越好，创作力也就越强，行动力也会越强，这需要我们做对的事情，有所为，有所不为，更有利于我们的个人品牌持续增值。

练一练

- 连续记录自己一周的时间安排,统计一下自己的时间走向。
- 根据本文内容，找到三件可以不做或少做的事情。
- 思考什么是重要但不紧急的事情，找到三件你应该多做的事情。

06
定位体系

恭喜你，读到这里，你已经掌握了打造个人品牌所需要的专业力、销售力、表达力、连接力和行动力，也就是个人品牌黄金圈内圈中所涉及的基础能力。

从这一章开始，我将继续为大家分享个人品牌黄金圈的中圈和外圈所包含的内容，其中首当其冲的就是定位。找到一个当下最适合自己的精准定位，是打造个人品牌、实现自我销售的第一步，也是最关键的一步。因为定位就是定向，只有知道方向，我们才知道该往哪里走。定位才能定心，有了方向心就不迷茫了，就不会一会儿往这个方向走走看，一会儿往那个方向探探路，兜兜转转却始终在原地。有了定位，我们就有了勇敢向前奔跑的方向和勇气。

1. 找到精准定位，是打造个人品牌的开始

很多人迈不出第一步，就是因为没有定位。我有一位好朋友，最早是她先接触到了知识付费领域，想跟我一起在这个领域发展，于是就强烈推荐我来了解。然而两年多时间过去了，我已经发展顺利，稳步前进，而她却还没开始，原因就是她一直在纠结自己的定位问题，因此始终没有行动起来。所以一个人如果没有明确好自己的定位，就没有办法定向，也就压根谈不上开始，因此找到定位是打造个人品牌的第一步。

2. 不主动定位，就会被他人被动定义

无论我们从事什么职业，有什么样的身份，只要我们与他人打交

道，别人就会对我们有一个印象，我们在他人心目中的印象，就是“定位”。所以无论我们有没有主动去做“定位”这件事，我们都已经被他人、被社会“定位”了，区别就在于我们是主动打造别人对自己的定位，还是被动地接受别人对自己的看法。

我准备租赁办公室时，在朋友圈发了一条求助信息，有个朋友找到我，说他一直在做这一行。我特别惊讶，因为认识这么久了，我从来不知道他是做这一行的，还以为他是一位设计师。他从没有给自己定位，更没有展示自己的定位，这样会错过很多商机。

主动为自己定位，就是拒绝被定义，就是做自己。找到自己独一无二的优势，让自己的优势和能力被看到，成功占领客户的心智，让客户在这个领域有需求时第一个就能想到你。这就是一个成功的定位。

3. 一个好定位，可以让我们身价翻倍

在寻找自己个人品牌定位的过程中，我尝试过好几个定位，例如精力管理教练、恋爱教练、个人品牌商业顾问，因此我深有体会，同样是我，仅仅因为定位不同，所产生的品牌价值也是完全不同的。只要找到更适合自己的高价值定位，你就可以放大自己的价值，让自己的身价提升百倍千倍。

例如我非常喜欢的漫画家蔡志忠，大家都知道他专攻国学漫画，其实，是否定位于国学漫画家，蔡志忠是进行了权衡和比较的。当时他身在日本，他认真分析了自己跟那些已经很厉害的日本漫画家相比，到底有什么独一无二的优势，自己画什么会让日本的出版社抢着出版。于是，他瞄准了中国的古代先贤哲学，把艰涩的经典国学内容变成轻松的漫画。这个定位让他从此一骑绝尘。迄今为止，他的国学漫画作品在全球范围内的总销量超过 4000 万册，影响了无

数人。蔡志忠的定位就属于高价值定位，我们在后面的内容中会专门讲到。

由此可见，定位对于想要打造个人品牌的人来说非常重要。在这一章节中，我会把自己在定位方面的实践经验毫无保留地分享出来，只要你能理解并且去践行，你也能像蔡志忠老师一样，找到自己的高价值定位，这会加速你的个人品牌发展，更快速地提升你的影响力。让我们一起来看看吧。

定位的三个阶段

大家都知道定位很重要，很多来找我做咨询的学员，包括我的私董学员，在开始打造个人品牌的时候，要么是一开始就想找到一个完美的定位，要么就是一个定位用了很久也不愿意更新。大家不知道的是，定位是分阶段的，在打造个人品牌的不同阶段，定位的思路和方法都是不同的。

所以你完全不用担心现在的定位会限制你未来的发展，因为定位是可以调整的。而且打造初期定位时积累的经验、人脉和能力，当你有了新的定位以后，是可以迁移过去的。

结合我自己的实践经验和辅导学员的经验，我将定位分为三个阶段：第一个阶段叫作出师快、变现快的定位，第二个阶段叫作高价值定位，第三个阶段叫作灵魂定位。

出师快、变现快的定位

当你刚开始打造个人品牌时，你的专业积累和实战经验都还不够，这个阶段在定位方面你并没有太多的选择。然而，很多时候没有选择就是一种最好的选择。对于没有任何个人品牌的素人，我的建议是当下能做什么就先做起来，可以选择一些相对来说出师和变现都比较快的定位，例如文案、社群运营等，或者挑自己喜欢的领域，边做边打磨专业。

其实 10 年前的我，完全不清晰自己的定位是什么，所以刚进入知识付费领域时，我的定位是精力管理教练、恋爱教练，我是在实践的过程中不断调整，才最终找到了自己的灵魂定位。选择定位于恋爱教练就是因为出师比较快，而且我自己就是大龄脱单的，有实战经验。那会儿我和大多数刚开始打造个人品牌的人一样，没有太多的选择，也并不清楚自己将来会做什么。处于这个阶段，最重要的就是先立足当下，快速找一个定位，开启尝试，边实践边迭代。因为很少有人一开始就能找准自己的定位。

在这个阶段也不用花太多时间筛选客户，只要客户愿意付费，你都用心去交付，这个过程也是有利于你迭代个人定位的。

高价值定位

到了第二个阶段，我们已经积累了一定的打造个人品牌的经验，而且通过学习或者挖掘拥有了一技之长，或者有了成熟的产品可以销售，这一阶段我们就需要考虑定位升级，找到高价值定位。

所谓高价值定位，具体来说，就是在三个方面要达到更高水平，分别是客户付费能力高、客户的终身价值高、客户付费意愿高。

客户付费能力高。同样是教演讲，我们的目标客户群体可以是孩子，可以是职场白领，也可以是企业高管、公司创始人。高管和企业家的付费能力比前两者更强，所以 CEO 演讲教练这个定位，相比少儿演讲老师和成人演讲教练，就是高价值定位。

客户的终身价值高。客户的终身价值 = 客单价 × 复购次数。同样是做家庭教育领域，小 Y 原来定位的服务对象是宝妈，大部分宝妈可能只会购买一次服务。后来小 Y 切换了一下服务对象，改为服务孩子，定位调整为青少年学习力教练，续费率明显提升，有的孩子从小学六年级一直跟到高三。定位调整后，一个客户的终身价值提升了。

客户付费意愿高。同样是瑜伽教练，如果可以做孕产瑜伽，那么孕妇和产妇的付费能力和付费意愿，就比普通瑜伽爱好者要高很多。毕竟怀孕生孩子是一件人生大事，即使是平时很节省的女性，在孕产阶段也比较舍得为自己花钱，家人也更舍得在这个阶段为她们投资，所以相比之下孕产瑜伽教练就是高价值定位。

到了这个阶段，随着能力的提升，你找到了自己的高价值定位，同时也使自己的价值更大化，这个时候你就可以筛选客户了。

灵魂定位

定位的第三阶段就是灵魂定位。在实践中，你会越来越笃定自己真正热爱的是什么，这个时候你就可以思考自己的灵魂定位了。

那到底什么是自己真正热爱的？简单来说，就是哪怕没有报酬也愿意去做的事业。当你到了这个阶段，你就不仅仅是在为钱而工作了，而是全力以赴去做你自己真正热爱的事情。

著名美食家、作家蔡澜刚毕业的时候，定位是电影人，那时正是香港电影的黄金时代，拍什么戏都赚钱。在蔡澜的监制下，有时十天半月就能完成一部商业片，而且叫好又叫座。但对于爱吃爱玩的蔡澜来说，这个定位虽然赚钱，却不是他的人生目标，于是在电影业摸爬滚打 40 年后，蔡澜彻底告别了电影行业，转而与电视台合作。《蔡澜叹世界》《蔡澜叹名菜》《蔡澜品味》等各种旅游美食节目他做得风生水起，他还写专栏、出书、开店，把一些国外最地道的美食，例如越南粉引进中国。蔡澜在后半生找到了他的灵魂定位，做自己最热爱的事，也取得了成功，这样的人生岂不快哉！

当然，你千万不要觉得灵魂定位只有少数的幸运儿才能找得到。其实我们每个人内心深处都有真正热爱的东西。我就是在找到高价值定位后，逐渐开始清晰自己的灵魂定位，我发现自己对激发人内心的原动力充满热情，也非常善于帮助人改变，写这本书也是源于这个初心。一旦你找到灵魂定位，你会发现，人生瞬间变得有意义了，因为热爱，努力再多也不觉得累。更重要的是，财富也喜欢追随快乐的人。

这就是定位的三个阶段，你可以思考一下你目前处在哪个阶段。

接下来的两节内容，我会带着你继续寻找定位，不管此刻你在哪个阶段，这些方法对你都是非常有帮助的，只不过你在选择方法的时候，一定要结合自己现阶段的实际情况。

定位的三个阶段

出师快、变现快的定位

社群运营

文案

写作

- 当下能做什么，先做起来
- 选相对出师和变现都比较快的定位
- 可以选自己喜欢的领域
- 边实践边迭代

高价值定位

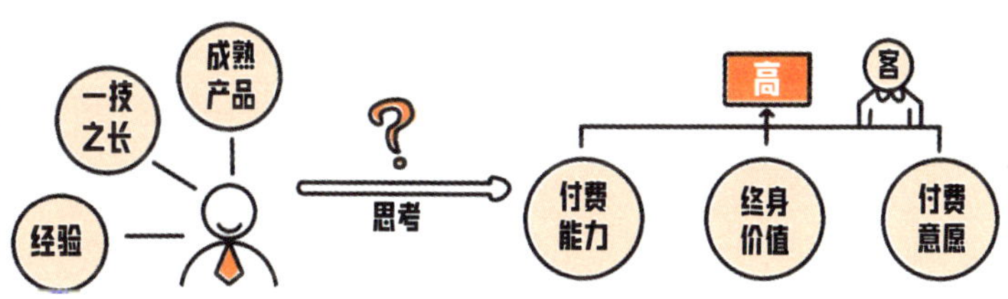

灵魂定位

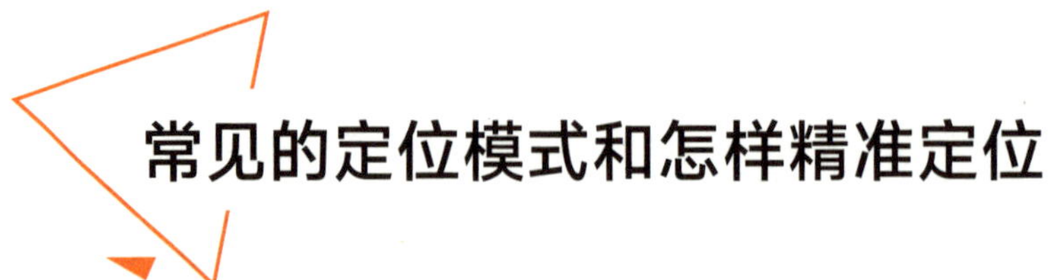

常见的定位模式和怎样精准定位

常见的定位模式

人人都需要打造个人品牌，但每个人的身份背景不同，也会有不同的定位模式。接下来我要介绍三种常见的定位模式，你可以看一下哪一种是最适合自己的。

1. 一技之长：专家型定位

这一类型的代表人物是樊登老师，一提到樊登老师，我们就会联想到“读书”两个字。他的定位始终很聚焦，只做跟“读书”相关的事，并研发出一系列跟读书相关的产品，打造了“樊登读书会”这个平台，每年的营业额超过 10 亿。他就是用读书这一技能打造了自己的专家型定位，成为中国读书领域的个人品牌第一人。

作为一个普通人，我们最容易打造的还是拥有一技之长的专家型定位，而其实我们并不需要很专业，才能做专家型定位。新人如何在一个全新领域快速入门，并且成为专家，在第一章中我们已经探讨过了，你可以再回到第一章温习一下。

也就是说，不管你此刻有没有一技之长，你都可以将自己定位为某一个细分领域的专家。因为专业力是可以通过后天的学习提升的。

2. 个人魅力：人设型定位

这一类型的代表人物是罗永浩。提到罗永浩，我们很难用一个定位说清楚他具体是做什么的。他有很多身份，比如新东方的英语培训老师；他当年的“老罗语录”，曾经风靡大江南北，成为一个独特的文化现象；他开过培训公司，做过锤子手机的创始人；2021年他又成为直播带货主播，一场直播就能带货几个亿。

罗永浩到底是做什么的？我们很难用一句话说清楚，也无法用一个垂直的专家型标签来定位他。罗永浩就是罗永浩，这个名字本身就是一个品牌，他做任何事情，销售任何产品，都会有粉丝追随，这就是人设型定位。这种定位模式比较适合人生阅历丰富、个人魅力强的人。

3. 创始人 IP 打造

现在几乎所有的知名品牌创始人，都有自己的个人 IP，如格力的总裁董明珠、小米的创始人雷军、滴滴的创始人程维、特斯拉的创始人马斯克等。创始人打造自己的个人品牌的目的就是为企业赋能，让顾客对创始人产生信任，进而对企业的产品产生好感，从而拉动企业业绩的提升。

创始人打造 IP，大多数都是专家型定位和人设型定位兼而有之。最典型的代表人物就是杨天真，她经营了一家明星经纪公司，同时也做自媒体，还研发了自己的女装品牌。她既有自己的专业，同时也展现了自己的个人魅力，形成自己独有的人设，起到对企业的宣传效果。

我曾帮助李津利医生打造个人品牌，他是马氏温灸的传人。在和他的交流过程中，我感觉到他对于温灸这个行业的热爱。在过去的30多年中，无论遇到什么样的困难，他从来没有想过放弃这个定位去做其他的事情。曾经也有很多人对他抛出橄榄枝，要跟他一起合作其他项目，但他始终聚焦在“温灸”这一垂直领域，他用这个技术帮助过很多病患，成为温灸这个细分领域中当之无愧的领军人物。

我帮他梳理的定位就是温灸专家和一个对温灸极其热爱的人，这样他的创始人IP就很立体，和其他相关专家相比，有人设的他更容易得到大家的信任。

当然，我在前面也说了，作为一个普通人，我们最容易打造的还是拥有一技之长的专家型定位。本章所探讨的定位也是围绕专家型定位进行拆解。接下来我们一起来看看，普通人如何找到自己的精准定位。

如何找到自己的精准定位？

了解了定位的重要性，也知道了定位的种类，那么我们如何快速找到当下最适合自己的精准定位呢？

接下来我就给大家介绍一个非常高效的工具，叫作三圈法则，我已经用这个工具帮助1000多人稳、准、狠地找到了定位。这三个圈分别是：兴趣、优势和市场。

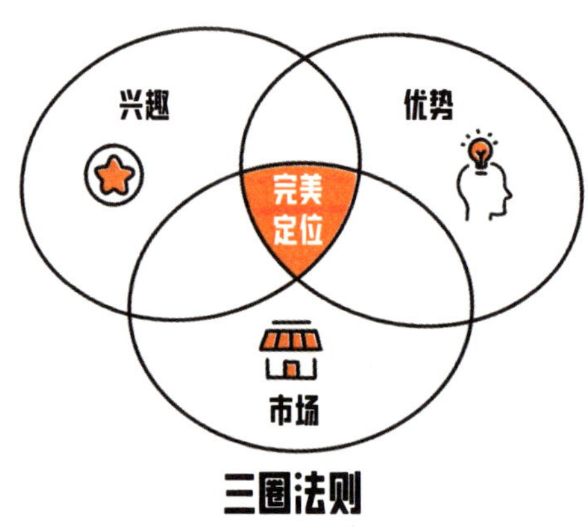

“兴趣”就是你所热爱的，“优势”就是你所擅长的，“市场”就是有市场需求的。如果刚好能找到三圈重叠的定位，既是我们热爱的，也是有优势的，同时是市场刚需，那这就是一个完美的定位。当然，能找到完美定位的人毕竟是少数，接下来我会带着你寻找适合自己的定位，建议你准备一支笔，一边阅读，一边思考，一边在后面的画线处写下自己的答案，这样当你读完这一节，适合你的定位也就找到了。

1. 兴趣圈

找到自己感兴趣并且热爱的，而且长期深耕下去都不会厌倦的定位。

打造个人品牌之路，相当于一次创业，其过程绝对不会一帆风顺，当我们遇到困难和挑战的时候，支撑我们坚持下去的最大动力就是内心深处的那份热爱。如果没有足够的热爱，就容易追逐风口，频繁切换定位。唯有热爱能让我们沉下心来，不断在一个定位上坚持 5 年、10 年，甚至更久，积累经验，不断进步，慢慢成为这个领域中有影响力的个人品牌。

那么我们该如何找到自己的兴趣和热爱呢？我为大家准备了一个实用小工具：兴趣 9 问。通过这个小工具，你就能轻松找到自己真正的热爱。感兴趣的读者可以关注我的公众号，输入“兴趣 9 问”即可获得。找到兴趣后，我们就可以进入下一个圈了……

2. 优势圈

一个好的定位，除了要热爱以外，还需要发挥你的优势。我对这一点感悟特别深。在我的职业生涯初期，我一直在人力资源领域内工作。当我从事与培训相关的工作时，我的表现变得特别突出，经常被领导表扬。后来公司内部轮岗，我去了同样是人力资源部门下的薪酬福利岗位，那段时间是我职场生涯的至暗时刻，因为我非常不善于跟数字打交道。即使我非常努力，天天加班加点，可是依然会出错，常常被批评。那时我就深刻感受到，用自己的短板做事和用自己的优势做事，区别有多大。

当然，找到自己真正的优势并不容易，过去两年中，有 2000 多位学员付费找我做定位梳理。其中有三分之一的人刚开始都说自己没有什么优势，梳理完才发现原来自己在某些方面很厉害，于是立刻信心大增，我也因此被学员亲切地称为“优势挖掘机”。我从过往的咨询经验中，提炼出硬件和软件两方面共 9 个维度的优势，如果你还不清晰自己的优势是什么，可以在这 9 个维度挖掘一下。

首先，硬件优势包括以下 6 个维度：

学历优势

如果你毕业于北大、清华等名校，或者拥有硕士、博士学位，那你在学历方面的优势就很突出。我的学员里有一位是英国牛津大学的教育学硕士，还有一位是剑桥大学的教育学博士，她们在考虑定位的时候，都把学历优势考虑进去，不约而同地选择了跟教育相关的定位。

工作经验

很多人在提到打造个人品牌时有一个误区，总觉得要重新开辟一条新赛道，忽略了自己多年的工作经验积累起来的优势，建议大家从过往的工作经历中找找优势。

一位在职业技术学校教了 15 年计算机的老师找我咨询，说想做与阅读相关的定位，但在阅读领域内她的积累很少。我提醒她从过去 15 年的工作经验中找找优势，并发现她很善于激发普通孩子的梦想，让不爱学习的青少年爱上学习。这方面她既擅长又热爱，还是市场刚需，咨询到这里时，电话那头她说话的语气都变了，她激动地说：“原来这也是优势啊！”

人脉资源

现有的人脉也是我们需要重点考虑的一个优势。在你的人脉资源中，你可以接触到哪一类人群，这其中有没有付费能力强的群体，这些群体又有哪些需求，你可以从这个角度反过来倒推定位。

小 X 的先生是很多商会的会员，经常带她出席商会活动，因此她也结交了一群女企业家朋友。通过接触，她发现此类人群有重要场合佩戴珠宝以及送礼的需求。她就根据这个需求和自己的爱好，通过学习让自己成了翡翠方面的专家，并找到了优质的翡翠资源，在翡翠这条赛道上干得红红火火。

形象优势

在打造个人品牌的过程中，颜值本身也是一种优势。皮肤好、形象好的人，做美容相关的定位就自带优势。女性励志品类的超级 IP “潇洒姐”的好身材，就是她绝对的优势。她有一个产品就是健身课，看到她的小蛮腰、马甲线，总有人会忍不住购买她的课程。

资质证书

资质证书包括健康管理师、心理咨询师、建造师等专业领域的证书，这些证书可以证明我们在某一领域的专业性。如果你有国家高级心理咨询师的证书，那么你在选择情感、心理、育儿等相关的定位时就会更有优势。

地域优势

你的家乡或你目前的所在地有没有什么土特产？家乡出过哪些名人？例如新疆的学员可以优先销售新疆当地的土特产，山东曲阜市的人，如果对国学感兴趣，可以自豪地称自己来自孔子的家乡。

这样一梳理你是不是已经发现了自己隐藏的优势？别着急，还有以下三个方面的软件优势。

天赋优势

我们每个人都有自己与生俱来的优势，天赋优势就像黄金，越打磨越亮。我是比较幸运的，初中的时候语文老师就发现我在表达力方面有优势，并送我去参加了市里的听说读写比赛。在比赛中我获得了全市第一名，这也让我对自己这方面的优势更加确信。之后我就经常做小主持人，参加校辩论队，优势越用越明显。但我在咨询中发现，很多人没有我这么幸运，他们的天赋优势没有被发现，甚至从小被打击隐藏起来了。

现在有很多测评工具，可以科学地帮助我们发现这些优势。我每次在帮学员做定位梳理时，也会使用测评工具。

人生阅历

人生没有白走的路，每一步都算数。思考一下：我们人生中有哪些高光时刻？哪些至暗时刻？我们又是如何度过这些至暗时刻的？我们从中收获了什么？往往就是那些我们曾经跌倒又爬起来的经历，帮助我们塑造了独一无二的优势。我深信一句话："你经历的所有痛苦，有朝一日会成为你祝福他人的工具。"所以我们说的优势挖掘，不仅仅包括挖掘自己的高光时刻，也包括挖掘自己的至暗时刻。

小L身体不好，不易怀孕，连人工受孕都失败了。后来她遍访名医，尝试了各种方法，学会了自己给自己针灸，自己研究《黄帝内经》《伤寒论》等中医经典书籍，并拜了几位老师系统学习中医课程。通过学习和研究，她把自己的身体调理好了，顺利生下了宝宝。在这个过程中，她爱上了中医。她把自己这么多年在中医领域学习和研究的经验总结成一套理论体系，来帮助更多人科学养生。她的定位是中医保健指导师，她这段久病成医的经历就成了她的优势。

知识积累

除了在学校里学到的东西，我们平时在课外自学或付费学习的知识，也是我们的优势。在画线处列出你学习过的所有课程，并标注一下你的学习费用，以及你的累积学习时间。在一个领域内，你付费学习的学费越多，投入的时间越久，那么你在这个领域内的优势可能也就越突出。

- 列出所有学过的课程、学费、学习时间。

____

- 知识的广度怎么样？

____

- 专业领域知识的深度怎么样？

____

- 专业领域内，你是否有特别突出的一项能力？

____

相信通过以上 9 个维度的优势分析，你对自己的优势已经有了一个全面的梳理。请你在这 9 个维度中勾选出你最有优势的三个方面，并从这三个方面出发去寻找自己的定位。

除了自我梳理，我们还可以用采访法，采访你身边的朋友，让他们说说你的三大优点，旁观者清，这个练习会帮助你更好地了解在他人眼中的你是什么样的。

人名：

对你的评价：______________________________

人名：

对你的评价：______________________________

人名：

对你的评价：______________________________

人名：

对你的评价：______________________________

人名：

对你的评价：________________________________

出现频率最高的三个形容词是：____________________

相信以上这些方法足以让你发掘出被自己忽略的优势。下面让我们继续来看市场圈。

3. 市场圈

市场圈要考虑的因素是：这个定位是否是市场刚需？发展前景如何？变现容不容易？变现速度如何？最后这两点为什么也要考虑呢？因为当我们在打造个人品牌的过程中，如果一个定位离钱比较近，我们的变现相对容易的时候，我们就更容易收到市场给予我们的正向反馈，就更有动力坚持下去。相反，如果一个定位长期无法变现或变现很少，仅靠热爱和情怀是很难支撑下去的。

如何判断一个定位离钱近不近？越是市场刚需的定位，解决的痛点问题越痛，这个定位就离钱越近。下面我通过一个真实案例，帮助大家理解什么叫市场刚需。

我曾经在两个定位当中纠结，这两个我都比较喜欢，并且在这两个定位上，我的优势也差不多。它们一个是精力管理教练，一个是恋爱教练。

但如果从市场这个角度来分析，恋爱教练明显就胜出了，因为脱单这件事更刚需，而且更有时间紧迫性，尤其是对于30岁以上的单身人士来说。精力管理相对来说就没有那么紧急，学员改变的迫切性没有那么强烈。事实证明也是如此，精力管理教练的定位，招生就比较困难，客单价也不高，训练营只收费 399 元 / 人。而恋爱教练很多时候是学员主动找我报名的，并且训练营可以收费 2980 元 / 人，很明显，恋爱教练这个定位离钱更近。

一般来说，如果我们能够解决的痛点问题符合以下三类，客户的支付意愿就更强烈，离钱就更近：

① 该痛点问题是有时间压力的，是必须要在一定时间内解决的问题。例如生育问题、儿童身高管理问题、升学问题等，这些问题都有最佳年龄限制，有时间期限，因此就它们的解决就更迫切、更刚需。

② 该痛点问题发生的时候，会让人的身体或心理感觉很痛苦。例如每天晚上都睡不着觉的痛苦，每个月来例假时的痛经之苦，失恋的痛苦，等等，当我们备受这些痛苦的煎熬时，但凡有一丝希望，大部分人都愿意付费尝试。所以同样是做情感类咨询，挽回服务的收费是最贵的，因为解决的痛苦最大。

③ 该痛点问题是跟收入直接相关的。例如不会变现、没有流量、业绩不好、有金钱卡点等，这些问题一旦解决，客户立马能感受到收入的提升，所以对客户来说付费解决此类问题，不是消费，而是投资，他们的付费意愿度会更高。

看一下你自己之前写在兴趣圈和优势圈里的那些可能的定位，用以上三个标准来判断一下，哪个更有市场。

同时建议大家在选择定位的时候，一定要做行业分析，看看这个行业前景如何，尽量选择朝阳行业、正处在行业上升期的行业、国家扶持的行业，顺势而为才是最明智的选择。

学习完如何找到自己最感兴趣的、最能体现自己优势的、最有市场的定位后，你是不是对找到适合自己的定位更有信心了？一开始我就说过，没有人一开始就能找到三圈结合的完美定位，但我们可以通过一些方法，至少先找到两个圈结合的定位，具体怎么找呢？我们继续往下看。

用三圈法则找到精准定位

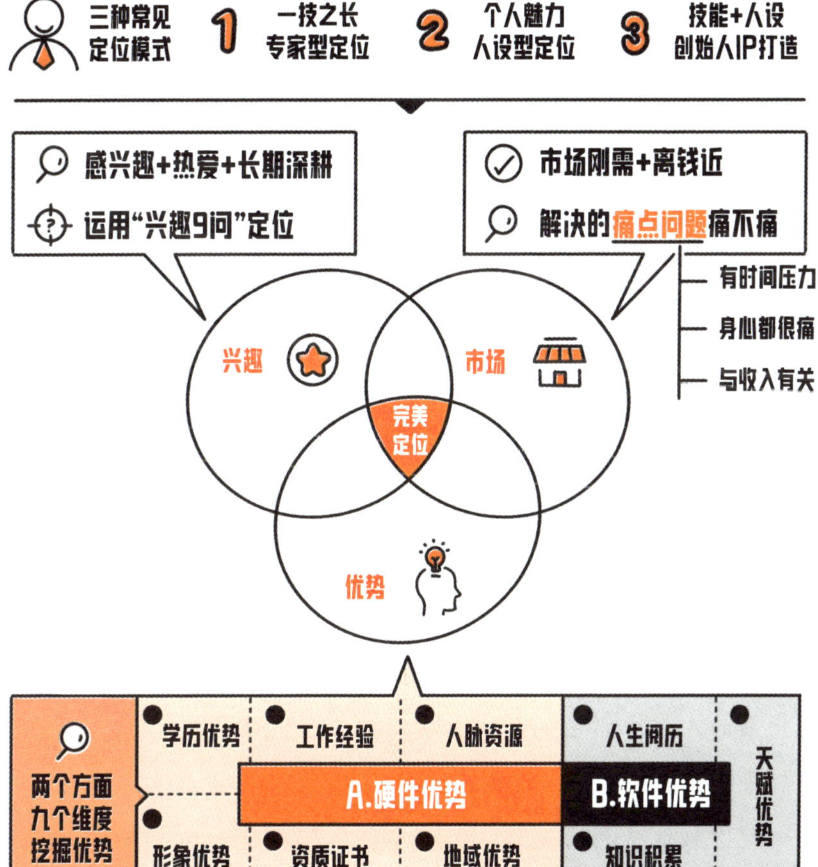

找不到完美定位，先从好定位开始

如果你已经找到了三个圈重叠的完美定位，那就可以跳过本节，直接进入下一节了。这一节，我主要教大家如何找到两圈符合的定位。

有兴趣 + 有优势，缺点：不是市场刚需，变现速度比较慢

如果目前你选择的这个定位是你热爱并感兴趣的，同时你在这方面也有优势，那么你会发自内心感受到喜悦，做事情的时候也能进入心流状态，唯一的缺点就是变现没有那么快。这种情况就需要你有长期主义思维，就算起步时变现慢一点，只要你愿意在这个热爱的定位上深耕，逐步积累影响力，努力成为这个领域内的实力派，那么变现的成果一定不会差。

维忆老师是我付费社群中的一名学员，也是一名写书顾问。她从小就非常热爱写作，10 岁时就梦想成为一名作家。当她在职场上奋斗到了高管时，她毅然决然地选择了辞职回家全职写作。她主要的工作是自己写书，同时提供写书顾问的服务，辅导和陪伴想要写作出书的人写出自己的第一本书。相比写文案变现、教人如何写作变现等定位，她这个定位并不是市场刚需，而且变现速度比较慢。但维忆老师非常热爱她现在做的事情，而且这也能发挥她的优势。

就以我这本书为例，她就陪着我一遍一遍打磨，有时候我都快崩溃了，她却还乐在其中。这个定位就是典型的“有兴趣 + 有优势”，但并不是市场刚需。

所以，如果你也和维忆老师一样，对某个领域感兴趣又有优势，但这个定位变现没有那么快，那么建议你在拥有一份主业、能够解决温饱的前提下，用热爱来坚守在这个领域，发挥工匠精神，努力成为这个领域内的专家。把一件事情做到极致，影响力自然就有了，自然也不用再担心市场问题。

有兴趣 + 有市场，缺点：当下并不擅长，在这方面并没有拿得出手的资历和背书

如果你确定了这个定位是自己所热爱又是有市场前景的，但目前自己在这方面还不太专业，那么你就需要躬身入局，用我在专业力那一章分享的方法提升自己的专业能力。最快的方法就是在所在领域内找到一个对标人物，复制他的成功路径，跟这个领域内资深的老师学习，每天花一定的时间精进，逐渐积累行业实操经验。那么假以时日，你的专业能力和解决问题的能力一定会超越身边大部分的普通人。其实我们并不需要非常专业才能开始变现，当我们有60分能力的时候，就可以帮助59分以下的人；当我们有80分能力的时候，就可以帮助79分以下的人，我们完全可以做到边学习边变现。

我有一个学员对文案写作感兴趣，愿意在这个领域内深耕。她本身性格也是比较安静偏内向的，能够沉得下心来写文案，而文案

定位又是市场刚需，所以她就决定定位在文案领域。她从零开始学习专业知识，到可以收费教别人写文案，只花了一个月的时间。

当然，刚开始她的收费很低，她一边学一边实操，在实操过程当中遇到问题就及时向专业老师请教，因此她的文案专业水平提升得很快。不到半年，她的收费已经从起初的19.9元每篇涨到1万元每篇了，不仅服务的人群越来越高端，服务领域也从帮个人改文案，延展到进企业教文案课，开始服务B端客户了。

这里给大家一个小建议，如果你和上面那位学员一样是从零开始学习专业知识的，那你一定要把你在这个领域累积专业知识的过程展现出来，否则熟悉你的人会对你的新定位产生疑问："你凭什么有能力做这个定位？"

这个学员就是在朋友圈同步分享她学文案的初心，付费学习的过程和每日手抄一条文案的图片。她把自己努力的过程都展示了出来，这样周围的人就不会觉得她的成功很突兀。他们陪伴这位学员一起成长，目睹了她一点一滴的进步，反而对她会更有信任感。

因此，如果你的定位是属于第二种情况——有兴趣、有市场，只是当下并不擅长，那么你要做的就是像这位学员一样，狠狠地打磨自己，努力学习、成长，在实操中不断精进，从零开始创造自己在该领域内的资历和背书，不断完善自己的知识体系。

有优势 + 有市场，缺点：这个定位并不是第一热爱的

还有一种定位也很常见，那就是有优势，又是市场刚需，但并不是自己最热爱的。这种定位的变现速度会比较快，我的建议就是

马上行动起来，先在当下能做的定位上做出一定的成绩，拿到结果后再朝自己更热爱的领域转型。我在本章开篇就指出，定位是可以改变的，前一个定位中所有积累下来的能力和人脉是可以平移到下一个定位上的。

我有一个学员刚开始很想像我一样做商业顾问，但是我在分析了她的背景之后，发现她在商业方面没有太多的成功经验，一开始就做商业顾问是不合适的。但是她在家庭教育方面非常有优势，可以快速地帮妈妈群体解决问题，同时随着“双减”政策，家庭教育也是一个非常有市场的板块。于是我建议她先从妈妈教练这个定位开始，先解决妈妈群体的育儿问题，等她把自己的商业闭环跑通，做出结果了，再去帮助妈妈们创业，引入商业板块，慢慢把这个模式也跑通。她这样持续做了一段时间，在妈妈教练这个定位上解决妈妈群体的育儿问题，并帮助妈妈们成功创业。

如果你属于第三类情况，有优势、有市场，我建议你先行动起来，用现有的优势积累经验。你要记住：个人品牌定位是可以延展、扩大、转型的，能力和人脉也是可以平移的。

很少有人一开始就能找到完美定位，所以我们可以先找到符合三圈法则里其中两项的定位。我给大家准备了一个表格，你可以先拿笔在纸上列出你现在所有可以做的定位，然后按照下面的表格打钩或打叉。找到所有符合两项的定位，再去比较并选择当下最适合自己的定位，先行动起来。

定位	定位 1	定位 2	定位 3	定位 4
兴趣	✓	✓	×	✓
优势	✓	×	✓	✓
市场	×	✓	✓	✓
建议	长期主义思维，沉下心来深耕，前期耐得住寂寞，努力成为该领域内的专家。	立刻躬身入局，边学习边实操，从现在开始创造优势。	先从最有优势的定位开始行动，做出成绩后再调整定位。能力是可以平移的。	恭喜你，找到了完美定位，立刻开始行动吧！

永远要记得，你不需要很厉害了才开始，你只有开始了才会变得很厉害。任何一个细分定位，哪怕就是做饭好吃、善于送礼、嘴巴甜会夸人这样的优势，都可以通过我们接下来的方法，做出一番大事业，关键是你要学会把你的能力转化成可变现的产品，这就是我们下一章产品体系要学习的内容。

用两圈法则找到好定位

❶ 有兴趣+有优势
市场刚需
变现速度慢
解决温饱
的主业
+
工匠精神
做领域专家
兴趣
优势
市场
完美
定位
❷ 有兴趣+有市场
当下不擅长
资历、背书
找到
对标人物
+
复制
成功路径
❸ 有优势+有市场
不是自己热爱的
变现速度快
马上行动
出成绩
+
拿到结果
再转型

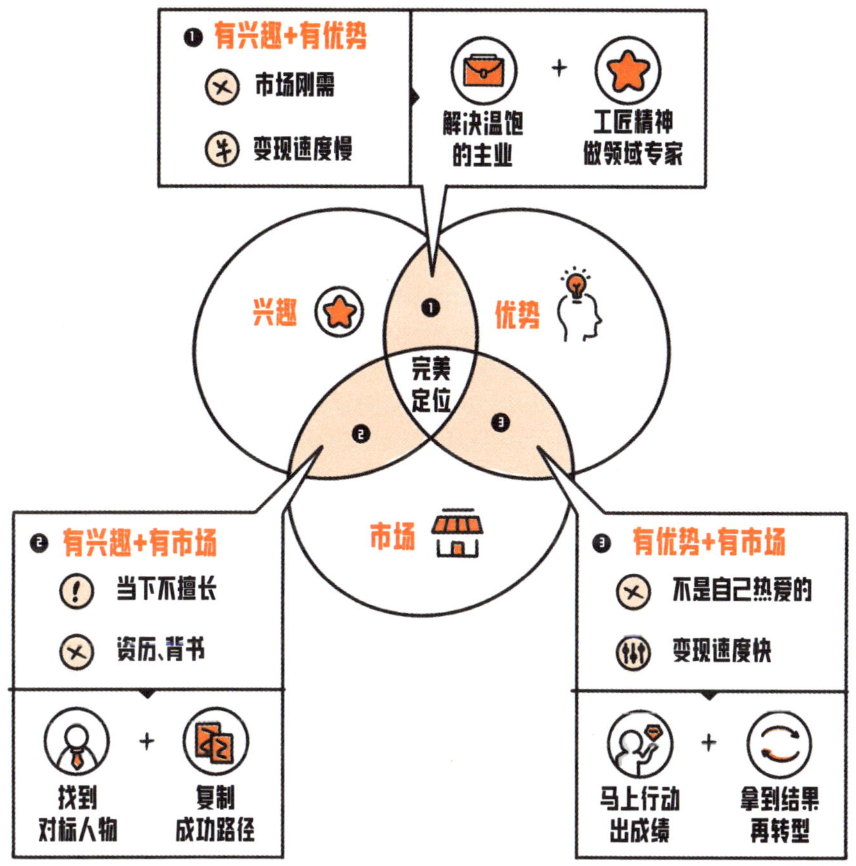

在上一章内容中，我们详细地讲解了定位体系，当我们明确了自己的定位以后，接下来就需要围绕定位，设计出一套可变现的产品体系。因为知识、经验和能力本身不能变现，只有把它们设计成产品，才能真正触达用户。产品既是我们连接客户的媒介，也是我们增加财富的渠道。

而且，设计产品体系，绝对不是你设计一张海报或写一篇文案就能搞定的。

小奇是心理学领域内一名很专业的老师，在成为我的私教学员之前，她一个人单枪匹马已经把年营收做到了300多万元。虽然业绩不错，但是因为产品矩阵设计得不合理，繁忙的工作压垮了她的身体，导致她好几个月无法工作。后来我帮她调整了一下产品体系，删掉了几个客单价几千元的训练营，将这几个训练营教的技能合并升级为一款5万元的高阶产品。同时根据她的特殊能力新增了一项针对高端人士的10万元的私教服务，以及针对B端客户的30万元的企业服务。产品优化后，还是同样的营收额，但她的工作时间减少了一大半，她有更多时间用在周游世界、提升自己以及陪伴家人，幸福指数增加了不少。

通过这个案例，你会发现同样的专业能力，仅仅只是优化了产品体系，就能让单位时间产出比增加一倍，可见产品体系有多关键。

我在过往的很多咨询中，发现很多人因为不懂如何设计产品体系而走了弯路。有的学员只会卖实体产品；有的学员明明有非常强的专业力，却只会研发中低价产品，不知道如何设计出高客单价产品；有的学员只设计了一款产品就开始销售，刚开始也能成交一些老朋友，但一段时间后，发现成交越来越难，就开始质疑自己的能力。其实，这些人只要优化了产品体系，变现能力就会大大提升。

在进入产品设计的细节之前，我还是想强调一下什么是真正的好产品。优质的产品自带裂变属性，大大有助于个人品牌的传播，相反，如果产品设计有缺陷或产品的品质一般，那么营销推广的力度越大，对自己品牌的负面作用也会越大。我认为好产品要满足三个特点：真、特、传。

1. 真：真正满足某类客户的核心需求，解决他们的核心问题

在第一章的开篇我分享过一个案例，就是开一家餐厅，哪怕店面设计得再豪华，客户服务再好，但是如果菜品做得很难吃，这家餐厅就很难开长久。因为菜好吃才是客户对餐厅的核心需求。很多网红餐厅，热闹一阵子就直接倒闭的原因就是这一点。所以在构建产品体系之前，一定要了解目标客户的核心需求是什么，客户的核心需求有没有被满足是衡量产品好不好的关键。

2. 特：有自己的独特卖点与其他市场竞品

好产品要有自己的独特卖点，这样才可以从市面上众多的竞品中脱颖而出。市面上有个人品牌的老师有很多，我反复思考我的服务有哪些独特卖点，因此推出我和查克博士的双导师制。我们两个人有各自擅长的领域，都有优势又很互补，我灵活有创意，查克博

士严谨细致，我善于帮学员定位和设计产品矩阵，他善于为学员赋能，推动执行力。这种“夫妻双导师制”推出后，学员反馈特别好，还为学员做出了事业和家庭平衡的好榜样。市场上像这样夫妻双导师的个人品牌导师很少，我们形成了自己的独特卖点。

3. 传：客户愿意持续消费并愿意分享给其他人

一款好的产品要自带传播属性，要让客户愿意传播我们的产品。通常来说，客户愿意主动帮我们传播产品的原因有两个：一是客户真心认可我们的产品，认可我们本人，发自内心地愿意替我们传播；二是这款产品能让他显得很厉害很优秀，具备社交传播属性。

我有一位学员是做民宿的，她为到店的客户提供免费拍摄服务，她甚至动用航拍机给客户拍小视频，还会给小视频配上音乐处理好后再发给客户。客户觉得这样的小视频发到朋友圈或视频号上会很吸睛，他们就很愿意传播。一旦视频发出后，自然就会有人不断询问：“这是在哪里？”于是在无形中增加了口碑传播裂变效果。

希望大家把好产品的三个特点装在心中，接下来我们就要学习如何设计你的产品体系。我分享的内容一定会刷新你对产品这个概念的认知，让你发现原来你有很多东西可以变现，同时也让你轻松设计出让客户真正想要的产品。我也会将自己如何丰富产品种类以及如何快速打造爆款产品的秘籍毫无保留地分享给你。让我们赶紧开始吧！

其实你有很多产品可以卖

你觉得自己能卖的产品多吗？我发现很多学员包括私董学员，在刚开始打造个人品牌时，都会烦恼自己没有东西卖。其实不然，接下来我分享的观点，肯定会刷新你对产品的认知，那就是我们每个人都有很多产品可以销售。

首先我们必须要清楚，产品本身的概念其实是很宽泛的，你每天用的手机和电脑等有形物品是产品，你购买的线上课程等无形知识也是产品，大家此刻看的这本书也是产品。

其中实体产品很好理解，但大部分人其实都不懂得如何将虚拟的服务策划为具体的收费产品。接下来我用“做饭好吃”这个优势，来给大家演示如何让一个看起来没有任何产品可以卖的人，瞬间拥有可变现百万的产品体系。

如何将“做饭好吃”这个优势设计成收费产品并变现百万？

小张平时做家常菜又快又美味，住所周边有不少高档小区，她想利用全职带娃的空隙，做一点副业。结合她的优势，我建议她推出健康家常菜的外卖服务。因为只有她一个人，时间有限，所以只推出午餐外卖，每餐控制在三个荤菜、三个素菜，每日限购50份。特色就是用的食材新鲜、高档，米饭是用最好的五常大米蒸的，凉拌菜用的都是橄榄油。小张先是在自己小区的业主群里“晒”出这项服务，重点是把做菜所用的食材“晒”出来，她还组织大家来做饭现场参观，亲眼看到做菜的过程。有些没时间做饭的邻居们，采购了她的午餐定制服务。因为饭菜干净又好吃，后来服务延展到周边的几个小区，50份午餐外卖每天都能轻松售完。

由于小张用的米口感特别好，开始有客户主动提出找她买米，所以她又跟供应商谈好，延展了食材的代购服务。在外卖服务基础上，她又开始了社群团购带货，带货种类从大米慢慢丰富到她做饭时用到的各种优质食材。

再后来，又有客户提出让小张训练一下自己家的阿姨，提升一下阿姨的做饭水平。小张又开启了教学业务，做饭时还多了几位助手。

我们来拆解一下小张的产品体系。

- 实体产品：大米等食材。
- 半实体半服务产品：午餐外卖服务。
- 知识产品：教做饭。

这些就形成了一个产品体系，我们还可以猜想，未来小张会有哪些产品。

· 线上收费社群：每天教大家做一个家常菜，开放给更多的宝妈来学习，教宝妈做出快捷、营养又好吃的饭菜。

· 定制菜谱：“今天吃什么”是一个令很多人头疼的问题，小张可以根据时令节气，结合中医学、营养学，推出养生菜谱、瘦身菜谱、儿童长高菜谱等。

· 线上优质食材销售：除了社群团购，小张还可以在直播间销售优质食材，进一步扩大客户范围。

· 加盟商：她还可以注册品牌，招加盟，把她这套商业模式批量复制，从一个小区延伸到更多小区，支持宝妈创业，让更多人吃上干净安全的饭菜。

*如果读者想模仿小张的商业模式，请务必先获得相关营业执照，合法经营。

看完这个拆解，你有没有脑洞大开？原来一个普通的优势就能开发出这么多的产品。除了会做饭，任何一个兴趣爱好，比如书法、阅读、会夸人、善送礼，只要产品体系设计得好，都可以年入百万。这就是为什么我常常说每个人都是一座宝藏，每一个兴趣或优势的背后，只要细细琢磨，都能研发出一系列客户需要的产品。

小张从一名全职宝妈，变成了一个有自己的事业，对社会有价值的女性创业者，你想不想也像她一样，把你的优势变成一系列的产品呢？那接下来我们看一下，到底该如何一步步设计出好产品。

怎样设计出好产品

设计产品时除了一定要符合好产品的三个标准，还要让产品真正满足客户的需求，这样的产品才受用户欢迎。本节就给大家介绍两种思维方式，只要你用这两种思维来设计产品体系，你的产品一定能畅销。

用户思维，设计出客户真正想要的产品

用户思维，顾名思义，就是站在目标用户的角度来思考问题，而不是从产品设计者的角度出发，设计出自己觉得好，用户却觉得鸡肋的产品。好产品是客户觉得好，而不是我们自己觉得好。

我有一个学员，起初一边代理一个微商品牌，一边做文案教练。记得当时她推出了一款价值 299 元的产品组合，提供 59 元一个月的文案修改服务，和价值 240 元的产品，结果这么超值的产品，一份都没有卖出去。

为什么？因为需要产品的顾客，不一定需要文案修改服务，他们觉得没有必要多花这 59 元。而需要文案修改服务的客户，也不觉得这 240 元的产品有什么价值，甚至有些客户会觉得这位学员动机不纯，打着文案修改的旗号，却想卖产品给他们。

所以这个产品设计就是一个典型的自己觉得很好，用户却觉得鸡肋的失败案例。后来经过调整，该学员专注教文案，即使文案服务的收费提升到两千多元一个月也有人购买，因为这是别人需要的。她把微商的产品作为超值赠品，有时免费送一部分给学员，而不再捆绑销售。这对于收到赠品的学员来说是一份意外之喜，他们用了之后如果感觉好还会找她继续购买。

类似这种“自嗨型”的产品设计还有很多，我曾看到过一个超级搞笑的杯子，杯子设计成可爱的小兔造型，上面有两只兔耳朵，但用户喝水的时候，两只兔耳朵直戳眼睛，压根没法喝到水。

那如何才能拥有用户思维，设计出客户真正想要的产品呢？只需要做到以下 4 步即可。

1. 明确目标客户画像

这个问题我们在定位体系一节中就讨论过，我们在设计产品的时候，需要再次明确目标客户画像。

罗振宇在 2017 年的跨年演讲中提到了超级用户思维，指的是我们的核心用户，就是那些真正愿意付费给我们，并且也是我们有能力带出成果的客户。站在销售的角度，我们当然希望自己的用户越多越好，所以总希望把自己的产品设计得更加大众化，但实际上一旦我们试图取悦所有人，我们就很可能会失去所有人。因为我们的目标用户从来都不是所有人，他们一定是某一类人，一类有着类似需求、相同痛点的人。

以我自己举例。通过分析我现有的客户人群，以及短视频、直播、公众号的后台数据，我的目标客户人群已经非常清晰。

· 女性居多，占 80% 以上。

· 职业背景中以下几类人居多：有一技之长的专业人士、企业高管、微商保险类的团队长、女性实体创业者。

· 高学历居多，大学以上学历的占 70%，其中不乏硕士和博士。

· 年龄范围在 25 ~ 50 岁，其中 30 ~ 45 岁的居多。

· 一二线城市客户居多。

· 基本都很爱学习，过往就有付费学习的习惯。

这些是我能吸引来的用户，同时指导拥有这些背景的学员我驾轻就熟，很容易带出成果，产生超级案例。还有一些是我想吸引的人群，比如在公域流量已经积累了一定的粉丝量，却还没有跑通变现路径的博主等。把我们能吸引的和想吸引的人群加在一起，就是我们的目标客户画像。

练一练

- 分析一下：你目前吸引来的付费客户的共性是什么？可以从性别、职业、地域、年龄、爱好等方面来统计。
- 思考一下：你还希望吸引哪类客户？
- 把上面两个问题的答案加起来，精准列出你的目标客户画像。

2. 挖掘客户真实的需求

清楚自己的目标客户是谁后，就要站在目标客户的角度去思考，如果你是对方，你的痛点是什么？你需要什么？

当我发现我的客户人群很大一部分为高知女性时，我就会思考：她们喜欢什么？她们需要的是什么？我发现女性尤其是优秀的女性，在全力以赴冲事业的时候，可能会忽略对家人的陪伴，而这种忽略会引起家人的反对，反过来阻碍她们打造自己的事业。

所以针对这一需求，我就在课程中特别增加了如何平衡家庭和事业的内容。有时在私教密训课上，当我讲这部分内容的时候，学员们会用手机将听课声音外放，她们的先生也会听到。当听到她们的老师教她们重视家庭的时候，先生们就会更支持自己太太的事业。很多学员反映这部分内容对她们的帮助很大，口碑传出去以后，就吸引了更多“厉害”的高知女性。

通过这个例子可以看出，想要真正拥有用户思维，我们必须具备换位思考的能力。很多时候我们对自己的产品太熟悉了，只考虑自己能提供什么，却往往忽略了对方需要什么。

我能够帮各行各业的学员优化他们的产品设计，很多时候恰恰是因为我不知道他们的产品能提供什么，我不懂他们的专业，反而能够把自己放在一个用户的角度去思考，提供用户思维。

练一练

- 暂时把你能提供什么放在一边，清空大脑，完全站在目标客户的角度，去思考他们需要的是什么，想到什么就在本子上列出来。

除了换位思考，我们还能如何挖掘客户的需求？我们还可以在一对一咨询中，聆听客户的心声。从我做知识付费的第一天开始到现在，我一直都保持平均每天至少做一次一对一咨询的习惯，前两年都是每天做三次，所以每年我至少跟1000个客户深度沟通过，聆听过他们的心声，知道他们的痛点是什么，他们的需求是什么。这个习惯让我始终对客户的需求把握得很精准，我会根据他们的需求来设计自己的产品和服务。

练一练

- 你跟你的目标客户做了多少次的一对一深度沟通？
- 如何能让自己每天了解两位客户或两位潜在客户的需求？

3. 定期采集用户反馈，不断优化产品设计

产品和服务推出以后，还需要定期采集用户反馈，继续聆听客户的心声，用开放的心态去接受客户的批评，把每一次客户的抱怨、投诉，当作优化产品的机会。我服务过的汇丰银行，一向以客户服务好著称，银行非常重视客户的投诉，有专门的部门负责，每次收到客户投诉都会认真处理，找到优化服务的机会。

我自己也会定期回访学员："你们觉得我的服务还有哪些可以提升的点？我如何才能更好地帮助你们？"除了一对一的询问，我还会组织团队一起头脑风暴，思考如何更好地提升学员的感受。当我们抱着非常真诚的态度寻求改进意见时，客户会给我们真诚的反馈，我也因此不断优化我的产品和服务，让口碑越来越好。

练一练

- 你会采取哪些方式来搜集客户反馈？
- 你打算多久采集一次客户反馈？

4. 用户的新痛点，就是我们新产品的设计起点

在服务客户的过程当中，随着我们对客户需求的理解越来越深刻，你会发现一些用户的新痛点。而每一个新痛点，就是我们新产

品设计的起点。

学员小恩专门教别人如何走心夸人。会夸人对于从事销售、服务类职业的人特别重要，对于改善亲子关系、亲密关系也很关键。小恩发现，有一部分学员知道夸人的重要性，但夸不出来，因为他们从小到大，被认可、鼓励得不够，自己的优点没有被看见，也就很难发现别人的优点。这个新痛点激发小恩推出了一款新产品，她跟专业的心理学老师一起，帮助这部分学员，进行自我疗愈，提升内在自信。

前文那个擅长做饭的小张的产品体系里，多款产品也是源自客户的新需要，例如客户要买米、客户希望自己家阿姨做的饭菜更好吃，顺着这个思路往下走，小张才有了如此全面的产品体系。我经常开玩笑说，我的很多产品是被学员逼出来的。所以每一个新的用户痛点，就是我们设计新产品的起点。

当然，这并不是说所有的客户痛点，都要我们亲自来解决，因为术业有专攻，跟我们定位相关的由我们亲自解决，如果不属于我们专业领域内的，我们可以找相关的专业人士来合作。

要知道，很多人并不关心你的产品有多棒，他们关心的是自己在使用产品时有多棒。在产品设计和优化的各个环节都要以“用户为中心”的理念去考虑问题，解决客户的痛点问题，并且让他们看到自己的成长和改变。

练一练

- 跟你的客户深入沟通一次，去了解他们还有哪些没有解决的痛点。
- 有什么样的产品和服务可以解决这些痛点？
- 你是自己解决还是转介绍给别人？

以上分享的四个步骤你可以按照顺序一步一步来，也可以在第一步找到目标用户之后，同时启动后面三个步骤，具体结合你的实际情况应用即可。当我们设计出满足客户需求的产品以后，就要提升客户转化率了。让我们继续往下看吧。

矩阵思维，用不同价格的产品提升客户转化率

产品矩阵是由一系列产品组成，这些产品的价格从低到高，可以满足不同消费者不同层次的需求。

无论是实体产品还是虚拟产品，都需要设计一个基本的产品矩阵，矩阵里包含低、中、高价产品，从而实现流量分层承接。为什么打造个人品牌，从一开始就要有产品矩阵的思维呢？因为信任是需要慢慢培养和建立的。客户对我们的信任是逐步产生的，尤其是陌生人，在不太了解和信任我们的情况下，一开始就购买高客单价的产品或服务的可能性不高。大部分人的消费习惯，是先尝试着购

买一些便宜的产品或服务，感受不错，再进一步升级消费。

在我最开始打造个人品牌的时候，我的老师就建议每个学员推出一款引流产品，提供一对一咨询服务。我也推出了一款 38 元的引流产品，通过这款引流产品，我第一个月就营收了 5 万元，第二个月营收 10 万元，第三个月营收 15 万元，效果相当不错。

所有的学生都做了同样的动作，推出了类似的产品，但有的学生却只营收了几百元。为什么结果差别如此之大呢？

这是因为我从一开始就有了矩阵思维，不仅有 38 元的低价产品，也开发了一款收费 2580 元的中价产品。而且我在咨询过程当中发现有一部分学员有一对一年度私教的需求，于是我立刻推出了 9999 元的高价服务产品，这三款产品就形成了一个最基本的产品矩阵。这样在一对一咨询过程中，我就可以根据学员的需要，为其推荐合适的后端产品。

我发现很多人不具备矩阵思维，前期匆忙推出一款产品，看似成交了，也变现了，但实际上却浪费了很多优质流量。因为没有后端的产品承接，无法满足客户更进一步的需求，那么客户就会向外寻求，这就等于把被我们“教育”过的客户推到竞争对手那里去消费高价值产品了。所以我建议大家从一开始就要有产品矩阵的思维，提前布局，满足不同客户的差异化需求。

我看过很多关于产品矩阵的讨论，我在本书中跟大家分享的，是我在实践中总结出来的一个最简单的矩阵思维，那就是从价格出发设计产品矩阵，每个人需要设计三款价格档次的产品。这个思路适用于大部分个人品牌打造者。

1. 百元级别的低价产品

低价产品也常常被称为引流产品，目的是让顾客用比较低的决策成本体验产品，初步了解我们的专业和实力。低价产品的设计要考虑三个方面：

① 价格要低，通常是在百元以内，段位较高的老师也建议有千元以内的引流产品。低价格可以让更多的潜在客户愿意来体验。

② 产品的适用群体要广。引流产品吸引来的人足够多，有利于筛选出后端产品的用户。

③ 产品的服务交付不要太重，如果太重，就无法承接大流量。

2. 千元级别的中价产品

几千元的中价产品可以是主题训练营，可以是短期的一对一私教，也可以是低价产品的批量组合。下面这个案例就很好地示范了，如何把低价产品通过批量组合变成中价产品。

小刘是一位非常有情怀的农场主，她的产品是天然散养的农场鸡，农场鸡每只售价 108 ~ 168 元。在我们的建议下，她推出三种组合套餐，分别是年度 12 只鸡、24 只鸡以及 36 只鸡，定期寄给客户，不同组合给予不同的优惠；再加上一些增值服务，例如可以去农场免费游玩、品尝全鸡宴、赠送周边民宿等；还提供专属菜园让顾客可以自己种菜，菜成熟后跟鸡一起快递到顾客家中，让顾客吃到自己亲手种的绿色蔬菜。以此鼓励用户把一年鸡的消费都锁定在她这里。

3. 万元级别的高价产品

高价产品指的是我们收费最高的产品或服务，通常是指万元以上的产品，有的产品费用甚至可以到达 10 万元、100 万元以上。客户愿意付这么高的费用，说明要么客户的痛点问题足够痛，必须解决，要么客户相信这是一笔投资，这笔投资带来的好处远大于成本。

我都会鼓励我的学员勇敢推出一款高价产品。即使你现在还没有客户，也要让高价产品出现在你的产品矩阵上，这一方面会激发你努力提升专业水平来配得上这个价格，另一方面也是通过高价产品的价格比较，让别人觉得你的前端产品价格合理。

下面我通过学员的案例，来给大家拆解一下，如何设计低、中、高档的产品矩阵。这位学员就是前文出现过的教别人如何走心夸人的那位教练。

低价产品

一对一咨询，收费 38 元，教你如何在特定情况下夸人。例如在对方生日、情人节的时候或者向人表白时，如何走心夸人。

21 天夸夸营，收费 298 元。有课程，有实操，有点评，带着学员操练夸人这个能力。

中价产品

3 个月私教，收费 4999 元。针对特别不会夸人的学员，进行一对一辅导，找到其不会夸人背后的真正卡点，并且通过专业辅导帮助学员提升能量，提升自信。

高价产品

年度弟子班，收费 1.28 万。招募想成为夸夸教练的人，把夸人这项能力背后的专业知识，以及商业模式复制给学员。

这个低、中、高价的产品矩阵适用于大部分知识类 IP，这个方法是不是特别简单？赶紧用这个方法来设计你的产品矩阵吧。

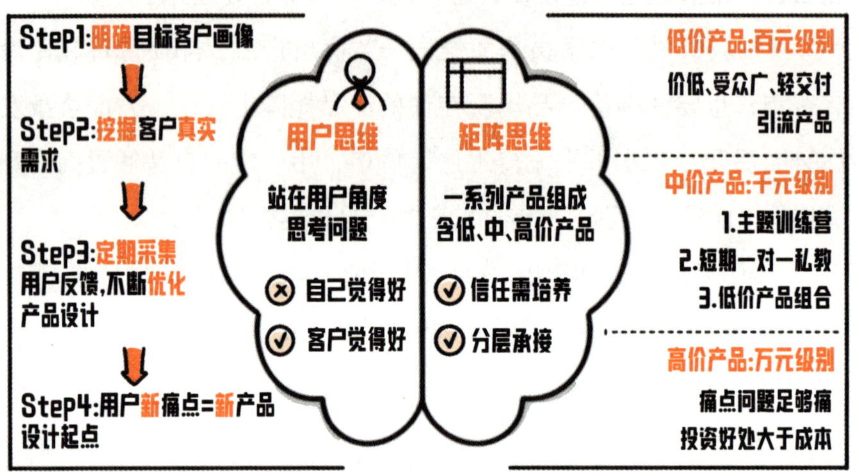

三种混搭方式让你的产品种类增加三倍

大家是否还记得我前文曾说过，其实每个人都有很多产品可以卖。现在你已经清楚你的目标用户了，也知道如何设计出满足用户需求的产品，构建能提高客户转化率的产品矩阵，下面你将学会如何让你的产品种类增加三倍，具体的方法就是用好混搭思维。

混搭思维，顾名思义就是把不同种类的产品搭在一起。常见的混搭模式主要有下面三种，可以帮你多维度、全方位地满足客户的需求：

① 把现成产品和知识付费混搭。

② 把线上服务和线下服务混搭。

③ 把 C 端服务和 B 端服务混搭。

接着我们就来具体分析这三种常见混搭模式的用法。

现成产品和知识付费的混搭

这里的现成产品指的是可销售的、已经生产出来的产品，包含有形产品，例如红酒、护肤品、鞋子等，也包含无形的知识类产品，例如我们代理的其他老师的课程、樊登读书会的年卡、基金保险类产品等都属于现成产品。

这里的知识付费是指由我们自己交付的知识付费类课程。销售自己交付的知识付费类产品，有助于我们树立专业形象，成为一名“老师”，帮助我们打造自己的个人品牌。这样的混搭又分两类。

1. 以销售产品为主，搭上知识付费

如果你销售的是其他老师的课程或平台，那我要提醒大家注意，不能只把自己定义为该平台、该课程的推广者，也要打造自己的个人品牌。例如，你可以一边推广一个你认同的育儿类教育平台，一边介绍自己的个人品牌。

学员 Y 在代理一个父母教育平台的课程，这个平台上的课程产品比较丰富，有入门级的 365 元的产品，也有过千、过万的产品。

虽然Y的销售能力很强，已经是该平台明星级别的代理商了，但我还是建议她打造自己的个人品牌。

经过梳理，她将自己的个人品牌定位为学霸家长教练，同时我帮她梳理出了她的个人知识付费产品体系，把父母教育平台的课程跟她的知识付费课程进行混搭。例如，买了父母教育平台课程的，可以送价值199元的她的年度家长私教服务，并在社群里进一步对客户培育信任，引流到后续高端产品。同时购买了她的家长私教服务的，就送父母教育平台课程，这样一些育儿的基本概念不用她自己上课客户通过现成的课程就可以学习，她就可以聚焦解决家长私教的实际问题。

把代理的平台课程和自己的知识付费课程混搭，不仅有利于学员Y打造好自己的个人品牌，提升个人影响力，也实现了多管道收入，效果非常好。

所有产品都可以跟知识付费类产品相混搭，这样能够帮助大家转变身份，从销售员变成老师，增加用户的信任度和黏度。

2. 以知识付费为主，也可以带货

知识付费类老师也可以带货，销售有形的产品。个人影响力越大，粉丝越多，带货就越容易。最典型的方式就是出书，通过出书，我们把无形的知识转化成一件有形的产品，可以销售给我们的读者粉丝。每一本新书发售时，还可以同时混搭一场线上读书会，给读者讲书。我便计划在这本新书出版后，举办读书会，亲自带领大家，每阅读完一章就进行讨论，做作业、点评，帮助大家在阅读的过程当中，完成自己的个人品牌打造起步之旅。

萌姐是最早一批打造个人品牌的成功案例，也是时间管理领域的头部大V。萌姐创建了她的知识付费课程，出版了书籍《人生效率手册》，同时还推出了她的文创系列产品：萌姐的时间管理日记本。这两款有形产品给萌姐带来了非常可观的利润。

我们选择有形产品的时候，要注意两点：

代理的产品尽量要跟我们的品牌定位强关联

瑜伽教练代理瑜伽服，中医医师代理养生药材，健身教练代理瘦身产品，这些产品跟他们的品牌定位强关联，这样带起货来就顺其自然。相反，如果我们带的货跟我们的品牌定位关系不大，例如瑜伽教练代理保险，处理方式就要更巧妙，否则对我们个人品牌的打造可能会有负面作用。

选择的产品质量一定要过关

因为我们是在用我们个人的信任为产品做背书，一旦产品质量出现问题，对我们个人的信誉度影响极大。宁愿不带货，也坚决不能带品质一般的货。

练一练

- 如果你现在是以代理产品为主，那么你可以设计什么样的知识付费产品？
- 如果你正在做知识付费，那么你现在或未来可以结合什么样的实体产品？

线上产品与线下产品的混搭

在设计产品的时候，同时要考虑如何把线上产品与线下产品相关联，因为这两类产品各有优势和缺点。

线上产品与线下产品的区别

	线上产品	线下产品
用户范围	范围广，可以做全国乃至全世界的市场	范围窄，只能做周边市场
受疫情影响程度	小	大
接触成本	低，可以在线随时互动	高，需要交通、时间和场地成本
用户黏性	相对弱，信任感需要逐步积累	黏性强，百闻不如一见
成交价格	通常由低客单价开始慢慢升级	可以直接成交高客单价

通过这个表格，不难发现，这两类产品各有特色。在后疫情时代，我建议两者混搭，只做线上或只做线下都是有很大风险的。

1. 纯线下的产品（服务），需要研发线上产品（服务）

因为单纯的线下产品和服务受疫情影响实在太大，我鼓励所有只做线下产品和服务的读者，都要研发线上产品和服务，增加产品的受众面。

我有一位学员是中医，擅长线下针灸，可是当她怀孕又遇上疫情时，她发现如果自己只做线下针灸，服务的范围太窄，而且还需要有线下门店，成本太高。后来在我的鼓励下，她研发了一系列线上服务，有线上的问诊服务，还开了线上的舌诊训练营、线上弟子班等。通过让客户拍舌头和掌纹的照片以及详细询问客户的情况，基本能达到线下把脉的精准度。这样一来她就能足不出户，一边怀着三胎，一边带着两个孩子，一边还能服务线上的客户和学员，收入反而比原来开线下诊所时还要高。

新媒体生态链下，很多线下不能实现的，线上可以实现。如何设计出可以在线发售的产品，这是每一个有线下实体店的人要思考的问题。

2. 纯线上的产品（服务），需要研发线下产品（服务）

我在打造个人品牌的初期，只有线上服务，但是在 2021 年 7 月，我举办了第一次线下活动——“孔蓓个人品牌体系屋的发布会”。那场线下活动异常火爆，现场来了 200 多位嘉宾。通过半天的分享，我充分让来宾了解了我的理念，我的学生也上台分享他们的成功案例。这样线下近距离的接触，增加了大家对我的信任感，后续有几位学员都因为这场活动而报名了我的年度私教课。

从 2021 年 10 月开始，我就逐渐增加线下课程了，将线下产品补充到我的产品体系里。我为线上年度私教的学员开设了线下闭门会，同时也研发了线下精品课。线下课结束后搭配线上跟踪服务，这样就将线上和线下的服务混搭起来了，可以更全面地满足客户需求。

练一练

- 你能设计出跟你的定位相关，又能解决目标客户的痛点问题的线上产品吗？
- 如果你现在只提供线上服务，那么你可以举办哪些线下活动来增加跟客户的互动呢？

服务 C 端和服务 B 端混搭

如果你在某个定位上做得比较成功，变现效果不错，就可以把相同的产品延展到不同的客户群体。如果你原来是服务 C 端个人客户的，那么你可以考虑服务 B 端企业客户；反之，如果你原来是服务企业客户的，你也可以考虑增加个人客户。C 端客户帮助我们扩大影响力，B 端客户可以增加我们的背书，而且客单价可以更高。

石超老师是国内很著名的知识萃取教练，原来只服务大型 B 端客户，后来他发现个人也需要经验萃取，提炼知识体系，于是他就把这项服务延展到了C端个人客户。这样做了以后，石涛老师的影响力扩大了，因为针对C端客户的传播工作反过来促进了他被更多的B端企业所熟知，有更多的B端客户采购了他的企业服务。

将C端个人品牌打造和B端的创始人IP打造，以及私域运营服务混搭，可以互相促进。专业力比较强的读者，可以考虑这种方式。

通过学习上述内容，你有没有增加了很多产品组合的思路？建议你找时间认真思考一下，如何将混搭思维运用在自己身上。

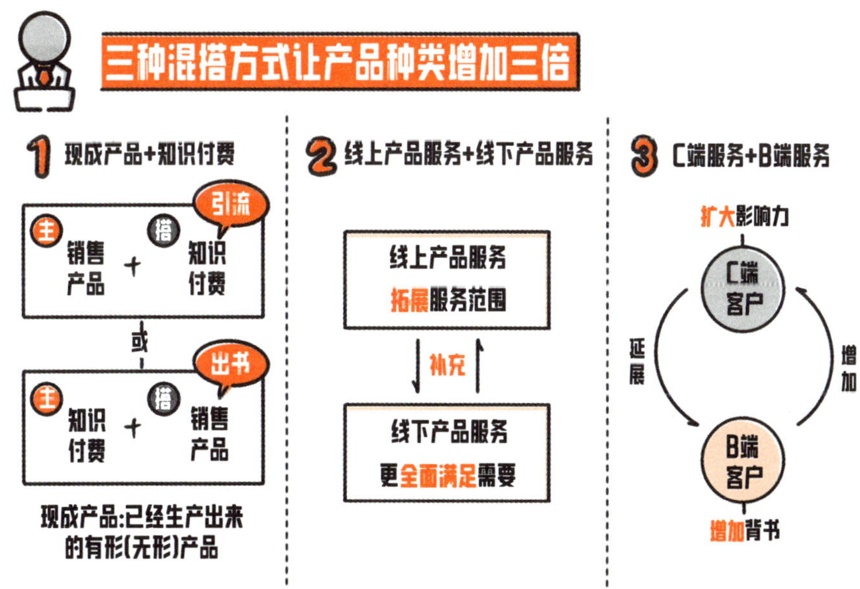

打造爆款产品的六步曲

产品体系中，每个人都需要打造一款爆款产品，低价、中价、高价的产品都可以，最主要的作用是让用户感觉到超值，能创造较高的销售额，同时还能让口碑爆棚。这样一款爆款产品可以提升大家对我们的品牌认知。

我将自己打磨爆款产品的经验总结为 6 个步骤，可以让你轻松打造一款属于自己的爆款产品。

1. 定客户群

先思考我们打造的这款产品是针对哪一类人群的，定下目标客户画像。

2. 定需求

定下该产品是解决目标客户的哪些痛点问题。

3. 定产品名字

设计一个好的产品名字，让别人一看就明白该产品是什么，属于哪个阶段的产品。从打造个人品牌的角度出发，可以在产品中直接加入我们的名字，这是对个人影响力的一种放大。

起名字的原则是"个人名字 + 品牌核心词 + 服务特色词"。例如"孔蓓个人品牌年度启动营"，"孔蓓"是我的名字，"个人品牌"是我的品牌核心词，"年度"表明了服务市场，"启动"说明这是一款入门级别的产品，"营"说明这是一个训练营，不是私教。

在起名过程中我们通常容易犯的一个错误是，没有加入品牌核心词。做情商定位的，每个产品名里都要出现情商两个字，"高情商职场沟通课"就比"职场沟通课"更贴近定位。

4. 定产品内容以及交付方式

采用用户思维，来设计产品内容以及如何交付，线上交付什么、线下交付什么。

5. 定价格

确定好产品的定位，定好产品在产品矩阵中属于哪个档次，并给予相应的定价。新手刚刚开始打造个人品牌的时候，尤其是在设计知识分类产品时，可以采用逐步涨价的形式。先尝试以一个较低的价格来测试一下市场反应，如果发现市场反应非常不错，就可以设置满多少名额，逐步涨价。这种逐步涨价型的定价方式，对于提升个人品牌势能很有帮助。

如果刚开始产品定价太高，也许会有一些特别信任我们的熟人购买产品，但这波存量消费完以后，陌生人以这个价格来购买产品可能就比较难了，这个时候再降价就会比较尴尬。因此建议一开始的定价可以略低一点，逐步往上涨。

6. 塑造价值

钻石如果不塑造价值，就像玻璃一般普通。一块玻璃，如果塑造好价值，就可能比钻石更值钱。塑造价值是设计产品的最后一步，尤为重要。

同样是我的个人品牌年度训练营，大家可以看一下塑造价值前和塑造价值后的海报的不同。

其实产品是一样的，但我使用第一张海报发朋友圈时，几乎没有自动成交的，大家都还要来咨询我，相当于我还需要再做一次销售的动作。自从升级为第二张海报后，几乎可以做到发朋友圈便有自动成交。

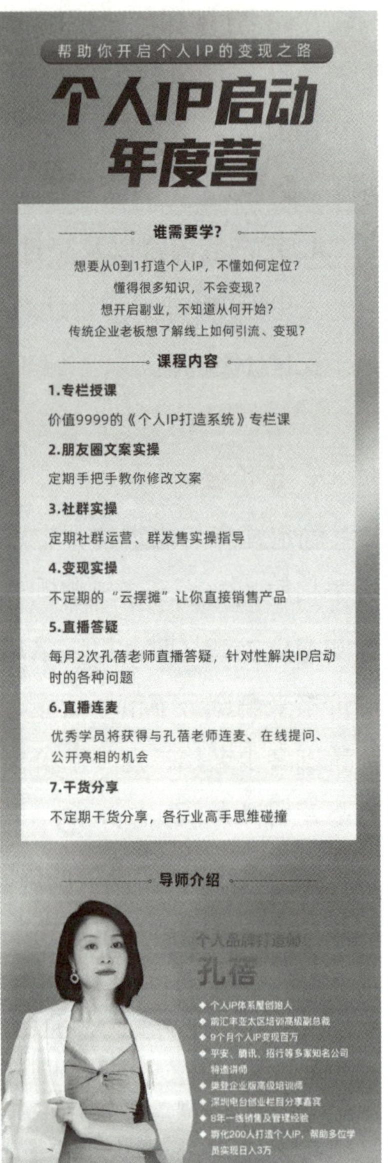

塑造前 ▶

▲ 塑造后

创始人孔蓓

定位个人IP孵化教练，用9个月时间变现100万元

专注帮助学员打造价值千万的个人IP

~~原价9999元~~

内部审核价 999 元（随时更新）

··· 会员10大权益 ···

1 学习干货

教你打造个人IP、实现收入倍增的11个心法秘籍，让客户主动找到你，主动购买，让你的价值10倍变现

“个人IP启动年度营”赋能安排	
心态篇	如何从一开始就做好赚大钱的心态准备?
能力篇	如何学习，可以快速成为某一领域的专家?
情商篇	做生意先做人，如何在细节之处让别人喜欢你?
定位篇	如何找到一个自己热爱又能赚钱的长期定位?
流量篇	如何用三招，让你从此不缺流量?
产品篇	如何设计出“自动成交”的产品体系?
文案篇	如何写出让人追着你付钱的文案?
营销篇	如何设计出适合你的线上线下营销战略，让你收入倍增?
成交篇	如何轻松成交，不销而销?
裂变篇	如何让你的老客户为你带来源源不断的新客户，自动裂变?
财富篇	如何打通你的财富卡点，实现财富10倍增长?

2 帮助诊断

诊断你的朋友圈、头像、定位、个性签名、产品是否合理

3 每日精进

每天分享你当下最需要的干货知识点，让你每日进步一点点

4 实战销售

每季度都有“云摆摊”，让你在社群中直接销售你的产品，有机会N倍收回学费

5 修改文案

手把手为你优化一个销售方案，一个生活方案，让你切实体会文案变现的威力

6 答疑陪伴

每月2次孔蓓老师答疑解惑，扫除你IP变现路上的各类困惑，陪伴式成长

7 链接人脉

社群所有优质人脉，帮你链接，鼓励发感恩日记，给你公开亮相的机会，实现引流

8 大咖分享

邀请各行各业的大咖，分享他们的成功案例，启发思考

9 超值礼包

送你一套价值5万的营销干货礼包：《100份门店营销案例》《108种吸金文案标题写法》《107种微信加人的方法》……

10 分享有礼

推荐一位999会员，获得分佣30%

到这里我们这一章的内容就全部结束了。通过本章，你可以发掘自己的产品，设计出好的产品并构建你的产品矩阵，还可以用混搭的方式让自己的产品数量增加三倍。最重要的是，用我分享的方法，你可以轻松打造自己的爆款产品。接下来我们要做的，就是要让更多人知道我们有什么样的产品和服务，也就是如何引流传播，我们一起来看吧。

08 引流传播体系

千万不要把人当作流量，而是要把流量当作人，每一点流量、每一个粉丝都是一个需要被尊重的人。

无论哪个行业都是流量为王，谁有了流量，谁就拥有了市场。打开门做生意，谁都希望来的客人越来越多，因此如何引流，就成了人们关注的重点，这也是令很多人头疼的地方。但就我个人来说，创业这么多年，我从没有为流量发过愁。

因为传播已经成为我日常生活的一部分，我一直对学员们说："既要低头干活，又要抬头传播。"如果我们只低头干活，一天卖三件产品，那就只有三个客户能接触到我们的产品；如果我们一天上了一节30个人的大课，就只有30个人知道我们有多厉害，我们的影响力会永远局限在一个小范围内。

而传播，就是一个放大器，就好比用小喇叭扩大音量，无论你是通过朋友圈图文、短视频还是直播来宣传，你都可以把自己今天做的事情用小喇叭喊一喊，让更多人了解你的客户遇到了哪些困难、你是如何帮他们解决问题的、你收获了哪些好评、你如何精进自己的专业，以及你有哪些价值观、你的生活状态是怎么样的，这些都是优质内容，传播出去，流量自然会来。

很多刚开始打造个人品牌的小伙伴，都会觉得自己缺流量，所以会将很多的心思放在做流量上。其实，对于新手来说，你还没有到为流量发愁的阶段，新手需要注重的是原创优质内容的输出，同时关注自己的销售转化能力，否则流量来了也承接不住，这些我在下一章成交系统中会进一步分享具体方法。

本章重点讨论适合新手的传播平台以及各平台的特点。

引流传播体系的构建

想必大家对引流传播这个词并不陌生，但到底什么是引流传播体系呢？我先给大家普及一下公域流量和私域流量这两个概念。

公域流量 VS 私域流量

公域流量就是公共平台的流量，比如淘宝、知乎、抖音等平台的流量。

私域流量就是属于自己的流量，主要指微信生态圈里的流量，包括个人微信、社群、视频号、公众号、企业微信、微信小程序等上面的粉丝和用户。

我们可以通过一个比喻快速了解公域流量和私域流量的区别。在一条繁华的商业街上，每天过往的客流量就相当于公域流量，你在这条商业街上开了一家门店，每天进出门店的客流量就相当于你的私域流量。公域流量就如同一个公共鱼塘，大家都可以在里面钓鱼；私域流量就如同一个私人鱼塘，自己养的鱼自己钓。

对于大部分人来说，私域流量的传播引流相对简单，也更容易产生业绩。我将私域流量总结了一个公式：

私域流量 = 存量 + 增量 − 减量

接下来，我们再来了解一下私域流量公式中的三个变量。

① 存量：就是已经沉淀在你的私域中的粉丝。

② 增量：新加入私域的客户，可以是公众号的粉丝、微信通讯录的好友，也可以是你视频号的关注者。

③ 减量：从私域里流失的客户，比如取消关注视频号和公众号、退出微信群、拉黑微信的那些客户。

为了让你更好地理解，我打个比方，把你的私域流量比作鱼塘，你微信通讯录里的 3000 个好友，就好比你的鱼塘里有 3000 条鱼（存量）。你在社群里发言分享，吸引了 5 个群友主动添加你的微信，这就好比你出海钓了 5 条鱼（增量），放到了鱼塘里养着。随后有一个前几天新加你的人把你的微信删了，这相当于你的鱼塘里少了 1 条鱼（减量）。此时，鱼塘里的鱼，一共有 3000+5−1=3004 条，比早上多了 4 条。3004 就是你当下的流量。

这样是不是就理解了？了解完基础概念，我们继续来学习引流传播的三个关键点。

引流传播的三个关键点

1. 激活存量：增加互动频率，促进了解

存量是大家最宝贵的财富，也是最有可能为我们买单的人。如果继续用鱼塘来举例，那就是对于鱼塘里现有的 3004 条鱼，我们要针对它们的不同特点，喂给它们不同的饲料。这个喂养动作就是增加我们和存量之间的互动频率，促进彼此之间的了解，这样他们才会更信任我们，才有可能成为我们的客户。

对于我们现有的存量粉丝来说，对方有 10 个触达我们的机会点，

这 10 个机会点分别是：

① 看过你朋友圈的内容。

② 跟你一对一微信或电话私聊过。

③ 在社群里看过你的发言。

④ 线下见过面。

⑤ 读过你的公众号文章。

⑥ 去过你的直播间看你直播。

⑦ 看过你视频号上的短视频。

⑧ 听过你的课。

⑨ 读过你的书。

⑩ 听其他人提起过你，或在其他人的朋友圈、直播间、短视频、公众号上看到过你。

我会经常举办线下的小型商业沙龙会，每次邀请 10 个左右的来宾进行深度交流。在活动中，我几乎没有任何营销动作，但每次结束后都会有人主动找我报名后端服务。我后来统计了一下数据，发现主动报名的学员，大部分都已经通过多种途经，在线上接触过我很多次了，信任已经在一次次接触中建立起来了。还有很多来宾会把活动照片发到朋友圈里，下一次邀请新朋友来参加，又进一步产生了传播和引流。

激活存量最好的方法就是增加对方触达你的机会点，每次接触都要给对方留下好印象，这就是我在第二章销售力中提到的无时无刻不“种草”，随时随地传播，自然而然地成交。当然，对于很多新手来说，你不需要这 10 点都做到，前四点相对容易，可以先做起来，熟练以后再慢慢增加其他步骤。

2. 吸引增量：增加曝光，找到自己的流量入口

我们继续用鱼塘打比方，面对新的鱼儿，我们要让它们知道，在这个鱼塘可以吃得更好，玩得更加开心，它们才会愿意来到我们的鱼塘。这个步骤就是吸引增量。所以我们要做好内容，增加曝光，同时找到自己的新增流量入口，保持每个月有稳定的新流量来到我们的私域中，这样你的个人品牌之路就能走得更稳健。

小 C 刚开始打造个人品牌的时候，做得非常好，最初几个月每月都能收入 5 万元以上。但是半年以后，她的收入开始减少，招生也越来越难。我在帮她梳理时发现，她前几个月的变现都来自对她有了解的人，也就是激活了存量。当存量资源用光了以后，招生自然就变得很困难。所以小 C 要解决的是如何找到自己稳定的新流量入口。

那么我们来看一下。对于大多数人来说，有哪些可能的新流量入口呢？

社群引流

找到你的精准流量所在的社群，在社群里主动添加朋友。我每年会进 5 ~ 10 个千元以上的付费社群，社群里的人都是被群主筛选过的，而且已经有了付费意识，所以非常精准。这是我自己最喜欢的流量入口，我每年都会为进付费社群做一笔预算，相当于花钱买流量。

朋友圈互推

找到和你同频的人，在你们的朋友圈中相互介绍对方，发对方的微信二维码，鼓励自己朋友圈的人加对方微信。

直播引流

直播时是有机会被推流的，而且粉丝在直播间看到你后，信任

感会更强；跟其他主播连麦的时候，可以引导粉丝互加。这也是一个非常推荐的流量入口。

短视频引流

视频号短视频目前的推荐机制是，如果你的朋友为你的短视频点赞，理论上来讲，他的朋友圈的所有人都有可能看到这个短视频。所以如果你的现有客户为你点赞，那么客户的朋友就有可能看到你。你的短视频如果获得平台推荐，就会被更多陌生人看到，进一步破圈。

公众号引流

虽然公众号的红利期已过，但是如果你特别善于内容创作，这依然是一个精准粉丝的流量入口。例如刘润老师，他辞职后花了 6 个月的时间埋头猛写公众号文章，创作了很多篇阅读量超 10 万的爆款文章，成功吸引了第一批流量。

线下活动引流

线下活动的引流虽然受到地域的限制，但是线下见一次，赛过线上见 10 次。在线下活动中人与人之间的互动深度是线上无法取代的。所以如果你善于搞线下活动，就在门票上设置两人或三人同行的优惠，鼓励老朋友带新朋友来，实现精准裂变。

影响力大事件引流

每个品牌每年都会固定策划一些影响力大事件，例如罗振宇的跨年演讲，淘宝的“双 11”活动，在固定的时间策划固定的主题，可以快速提升品牌的影响力，集中引流，这一点在个人身上也一样适用。我自己每年也会策划 2 ～ 3 次大事件，例如年度演讲、12 小时直播等，每一次大事件的涨粉效果都很不错。

公域引流

公域平台很多，常见的有抖音、小红书、知乎、头条、喜马拉雅、简书等。

每个人可以根据自己的特长和优势，寻找至少三个流量入口，让自己每个月有稳定的新增流量，随着能力的拓展，再慢慢增加流量渠道。

3. 控制减量：不断提升自己，近悦远来

鱼塘里的鱼总会死，我们的流量也会“死”。有一些粉丝会变成“僵尸粉”，不主动说话，也不看我们的消息，甚至还有可能会直接把我们拉黑。曾经的老学员和老客户也可能流失，不再复购，这些都是减量。

控制减量的唯一方法就是不断给客户创造价值，让他觉得和你待在一起有收获，觉得“值”。人都是喜新厌旧的，再好的实体产品，都需要定期升级改良，顾客才不会觉得“腻”。我们个人也是一样，要不断地提升自己，不断给老粉丝带来惊喜感，才能在吸引新粉的同时控制减量。

行动派创始人琦琦自从 2011 年进入自媒体行业，10 年内全网矩阵累积千万粉丝，虽然她做过多次业务的迭代转型，但是依然有很多粉丝一路追随。她坚持在各种传播渠道中分享对大家有价值的内容，我经常在她的公众号文章下面，看到有粉丝留言说自己是看着她的文章长大的，多年来一直都被琦琦的分享所鼓舞。她被粉丝们亲切地称为“真诚琦”。

不断提升自己，让已经靠近我们的人能感受到我们的价值，对于老客户、老学员，认真做好交付，真诚永远是留住人心的终极武器。

当你学会激活存量、吸引增量和控制减量以后，你就构建了一套属于自己的引流传播体系。

引流传播的三个关键点

关键点	切入点/机会点	做法
激活存量	看过你朋友圈内容；跟你一对一微信或电话聊过；在社群看过你发言；线下见过面；读过你的公众号文章；去过你直播间看直播；听过你的课；看过你视频号短视频；读过你的书；听人提起过你,或在其他地方看过你	增加互动频率促进了解
吸引增量	社群引流；朋友圈互推；直播引流；短视频引流；公众号引流；线下活动引流；影响力大事件引流；公域引流	增加曝光找到自己的流量入口
控制减量	不断给客户创造价值；产品:定期升级改良；自身:自我提升+惊喜感	不断提升自己近悦远来

如何突破传播前的心态卡点

一想到要宣传自己，有的人就会有心理障碍，下面我们来分析几种常见的传播前的心态卡点，并解答如何化解它。只要突破了这些卡点，你就能大大方方地传播自己。

担心影响主业

很多学员在开启副业的时候会有这样的担心：被领导、同事看到怎么办？被家人或者其他任何不想要对方看到的群体看到怎么办？针对这种问题，有两个解决方案：

① 启用一个新的微信号，通过朋友圈文案，把对我们新定位感兴趣的人，从老号引流到新号上。我自己就是在进入知识付费领域以后新开了一个号，一年时间好友数就涨到了六七千人。因为养号需要大半年的时间，所以如果你有这样的担心，现在就开通一个新的微信号吧。

② 名单分类管理打标签，给朋友圈里所有的人打上标签，发内容的时候选择只给谁看或者不给谁看。

担心被同行嘲笑

有一些专业人士，在开始宣传自己的时候，会担心被同行嘲笑。

小新是一位专业的古琴老师，非常希望传播古琴文化，扩大招生范围。但我一让她发朋友圈或做直播宣传自己，她就开始打退堂鼓，担心自己哪一点讲错了，被同行或者行业的专家老师看到会嘲笑自己，更担心大家觉得她商业味太浓。听完她的担心后，我问她："你是因为想赚钱才宣传自己的吗？"她坚定地摇摇头："我是想把这么好的乐器传扬下去，让更多人了解这种非遗乐器。"我继续问她："既然你的初心是为了弘扬乐器，那你愿意为此付出被一部分人不理解的代价吗？"这个问题一下子让小新陷入了沉思。

其实很多人有类似小新这样的担心。大家还记得在销售力那一章中，我教给大家的那句魔力咒语吗？那就是"小爱爱自己，大爱爱世界"。用在这里，刚好能化解此类担心。如果你的初心是利他的，那么就要有被讨厌的勇气，总要有人迈出第一步。

我的另一位中医学员一开始发朋友圈、做直播的时候，也被不少中医同行质疑，连她的师傅都说她"乱来"，但当她坚持自己的初心，并且走出一条全新的传播中医文化的路时，那些曾经质疑她的人都开始纷纷向她学习。

担心自己不够专业

还有一部分人不敢传播是因为担心自己不够专业，担心自己写的内容不够有深度，担心自己在直播间讲得不够好。越担心越不敢传播，越不敢传播就越没有进步。在专业力那一章中，我们讨论过新人如何一步步成为专家，其实传播这个动作本身，就会倒逼我们变得更专业。因为无论是写朋友圈短文、写公众号文章、拍短视频，还是做社群分享、做直播，都会倒逼我们在分享过程中一次次提升我们的专业水平，梳理我们的知识体系。我就是在一次次分享中，完成了知识体系梳理，再根据大家的反馈，一次又一次地升级迭代，才有了今天的影响力，也才有了现在你看到的这本书。

要知道，这个世界上有两类人，一类是比你更专业或跟你差不多的人，还有一类就是不如你专业的人。只有后一类人才是我们的潜在客户，所以当你传播的时候，你的关注点永远只需要放在不如你专业的人身上，对于他们来说，你就是专家。

担心打扰别人

有的人担心自己朋友圈消息发得太频繁会打扰别人，担心朋友会把自己屏蔽或拉黑，其实这种担心有点多虑。因为基本上我们每个人的微信通讯录里都有 1000 个以上的朋友。我们正常刷到某个朋友的朋友圈内容的概率是几千分之一，概率非常低，所以完全不用担心我们发朋友圈会打扰到别人。很有可能你一天发 10 条朋友圈，你 90% 的朋友一条都刷不到。

还有另外一种解决方法就是分类分发，给朋友打标签。有一些内容是所有人都可以看到的，有一些朋友圈广告你可以只开放给某类人看，或者不给某类人看。这样我们发了 10 条朋友圈，而我们的某个朋友只会看到其中的 5 ~ 6 条，这样就不用担心会打扰别人了。

担心数据不够漂亮

有一些自身起点比较高的人，刚开始写公众号文章、做短视频或者做直播的时候，会担心自己的数据不够漂亮。其实，你在原来的行业比较成功，一定是你多年积累和努力的结果。在你刚刚开始打造个人品牌的时候，你在个人品牌方面的积累是零，数据不好是正常的。而且起初的数据越不好，后来经过你的努力数据变好的时候，这个由低到高的过程本身就非常能鼓舞别人。我的粉丝们目睹我的直播间从 300 多人涨到 4 万多人，公众号从零粉丝到 5000 多粉丝，这让他们受到鼓舞，对自己也有了信心。

当我们克服了内心的种种卡点，准备好传播自己了，那么有哪些适合普通人的传播平台呢？

突破传播前的五个心态卡点

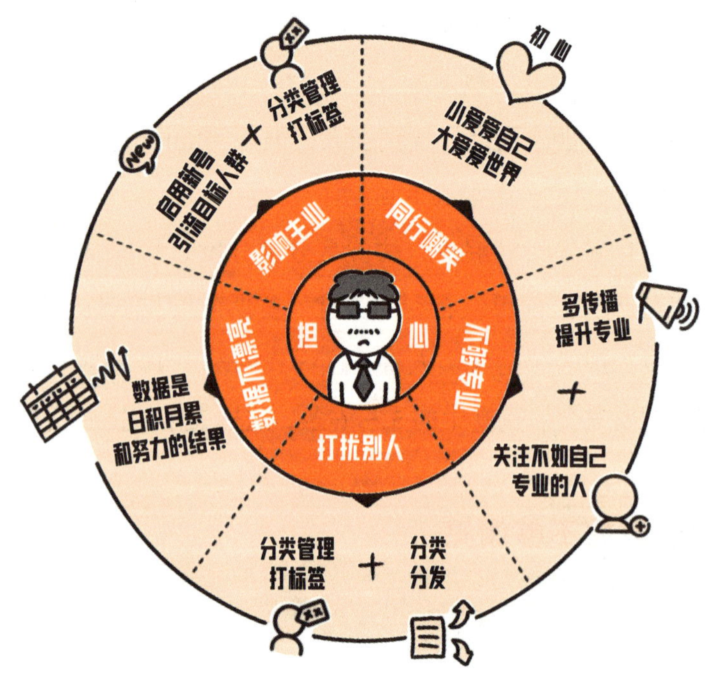

哪些传播平台适合普通人

可以传播内容扩大影响力的平台有很多，有哪些是适合普通人的呢？我给大家列举了 5 个私域的传播平台以及传播的重点，这都是我和学员们通过实战总结出来的经验。最后，我会简单介绍几个常用的公域，你可以根据实际情况，找到适合自己的内容传播平台。

朋友圈：送给朋友的礼物

目前微信的日活用户数量已经超过 10 亿，几乎涵盖了所有有消费能力的人群，所以朋友圈是我们特别重要的一个传播途径，它的重要性简单来说有三点：

第一，可以快速建立信任。我们认识一个新朋友，过去是交换名片，现在都是加微信。最快速地了解新朋友的途径，就是打开对方的微信，看看对方的朋友圈。朋友圈打造得好，可以帮助我们快速赢得准客户的信任。经常有学员加了我的微信后，会花一两个小时，甚至一个通宵回翻我的朋友圈，说看得心潮澎湃停不下来。想象一下，当一个人把我们几个月的朋友圈都看过了，信任是不是就已经建立起来了。

第二，朋友圈最容易出成果。我的新学员都会先从我的朋友圈开始学习，朋友圈文案可长可短，所以对内容创作能力的要求不高，最容易上手，人人都可以驾驭。再配合下一章成交篇的一对一私聊，很快就能变现。朋友圈发什么内容有助于成交变现呢？下一章成交篇中我会详细介绍。

第三，朋友圈是免费的平面广告区。传统的成交模式就是一对一拜访客户，能持续一天拜访三个客户的销售就是很厉害的销售了。而如果我们一天发 5 条朋友圈，持续一年，就有 1800 多条朋友圈，可以从不同维度极其高频地宣传我们的产品、服务和理念。而且理论上来说，我们微信通讯录里的所有人都有机会看到我们的朋友圈。所以打造好朋友圈，你将拥有一个免费的广告宣传阵地。

我打造个人品牌前期的 70% 的流量和业绩全部来自朋友圈。既然朋友圈这么重要，那我就把自己在朋友圈传播时的注意要点也分享给大家，你可以直接使用。

1. 每一条朋友圈都能让人有收获

我对自己的要求是让我的每一条朋友圈都能够成为一份礼物，别人看到就有收获。秘诀就是当我们写朋友圈文案的时候，要像跟朋友在对话，内容要对别人有价值，避免“自嗨”。

2. 朋友圈的内容是分阶段的

发朋友圈和定位一样，也是分阶段的，新人开始时可以先追求数量。我会要求我的新学员一天发 10 条朋友圈，这样就能让他们快速掌握找发朋友圈素材的能力。而且从传播上来说，之前很少发朋友圈的人，突然一下子朋友圈消息数量增加，别人一定会好奇：你到底怎么了？发生了什么事情？这种好奇会让他时不时到你的朋友圈来看一下，起到吸引关注的效果。这个时候你可以多发一些付款截图、产品海报等，这有助于广而告之你的定位和产品，吸引第一波种子用户。当数量不是问题后，就要慢慢追求质量了，让自己发布的图片呈现出高级感，文字能表达出自己的段位。

如果你的产品客单价很高，那么发朋友圈就要克制，每天发 3 ~ 5 条就可以了，这时候尽量不发付款截图，尤其不要发低客单价的付款截图，更多的是展示自己的生活态度、价值观、专业实力等。因为高端客户身边不缺产品和服务，他们更愿意为同频、为专业买单。

3. 朋友圈的内容要规划和布局

我们发朋友圈不能随性而发，不能想发什么就发什么。如果你希望自己的朋友圈消息有商业价值，真正对别人有帮助，那么你发的内容就要有规划、有布局，而且要经过数据测试。具体发什么内容才有助于成交，我在下一章的成交体系中会详细介绍。

朋友圈真的太重要了，所以我用了大量的篇幅来讲述。希望你能够从今天起也将自己的朋友圈经营起来。

社群：培育信任的线上会客厅

这是第二个普通人一定要用好的传播平台，我把它称为培育信任的线上会客厅。既然是自己的会客厅，那就是我的地盘我做主。社群的好处有两点：

第一，内容触达率高。如果你的微信通讯录里有 5000 个好友，那可能只有 20% 甚至 10% 的人有机会自然地刷到你的朋友圈。但对方一旦进入了你的社群，就相当于到了你家里的会客厅，你发布的内容被对方看到的概率会更高。

第二，互动参与性强。社群这个平台的互动属性是最强的，一个好话题可以引发群友的热烈讨论，而且讨论的内容是文字形式，即使当时有人不在线，之后也可以“爬楼”回看、参与讨论。互动性强、参与度高是社群传播的一大特色。

我在实际工作中发现很多人也知道社群的重要性，但是他们不敢建群，担心自己不懂运营，不知道在群里说些什么，也担心社群变成一言堂，最终变成死群，连红包都没有人抢。那么想运营一个有活跃度、有温度，同时又有商业价值的社群，有哪些注意要点呢？

1. 社群分享要有温度

你作为社群的主人，自然要经常用好东西来招待你的客人。这些好东西可以是你的课程、定期的分享、答疑互动等，也可以是每天的所思所想、读了一本好书之后的感悟或者外出旅行的一些美照等。当你真诚地把好东西跟大家分享的时候，你的会客厅就是有温度、有灵魂的。这些分享可以随时随地进行，当你有灵感、有内容了，你就在群里说几句。

2. 社群分享要去中心化

既然是客厅，我们就不要一言堂，可以鼓励所有来到客厅的人，都拿出一些好东西来分享。我的社群是去中心化的，我非常愿意给群友舞台，鼓励每一个人在社群里分享有价值的内容，彼此交流。在我的社群里有人会发一些美照，有人会发自己的读书感想，有人经常分享自己的商业心得。因为我善于引导大家共创内容，所以我经营的社群氛围是很轻松的，而且活跃度很高，续费率也很高。大家共同参与经营社群，我经营起来不累，大家也有参与感。

3. 社群运营要专业化

社群一定要有明确的群规，什么可以做，什么不能做，在新群友加入的第一天，我们就要用文字的形式清清楚楚地说明白。一旦发现违规的情况，我们应该温柔而坚定地执行群规。不仅如此，我的收费社群都是有课表的，每个月的月初我就会把当月社群中的所有课程活动都列出来，并通知到每一位群友。群规清晰，在固定的时间做固定的事情，这样的社群就很专业。

直播：普通人的商业电视台

当下，直播已经取代图文和音频，成为个人影响力放大的重要战场之一。比起文字和声音，用户直接看到一个个性鲜明的主播，更容易被其吸引。如果说直播间是商业电视台，那你就是这个电视台的策划、导演和编剧，同时也是主播。为什么说你的直播间是一个有商业价值的电视台呢？

1. 直播间可以建立更强的信任感

这种商业价值来源于粉丝对你的信任。我们看电视剧的时候，是不是会和这个主角同频，甚至走进他的生活，走进他的内心世界？同样地，直播间是一个立体的呈现，比图文真实得多，因为直播间可以真人出镜，使主播更容易与粉丝建立信任感。

2. 直播间可以带来新流量

我们开播以后，只要在朋友圈、社群中转发直播间链接，或者直播海报，就会有感兴趣的人进入。你和别人连麦，别人的粉丝如果对你感兴趣，也会来到你的直播间，变成你的粉丝。这些都是新的流量，而且是非常精准的流量，来的人都是被你的直播主题所吸引的。比如，你的直播主题是关于中医养生的，对于中医养生感兴趣的人会来，做中医养生的人也会来，这些人如果把你直播的消息转发到朋友圈，又会带来一批同频的人，因为同频的人一般才会成为好友。

我的日常直播，平均可以沉淀 30 多个人来到我的私域，多的时候可以过百。那么一周播三场，一个月是不是就能新增四五百个粉丝？那么一年下来是不是就有 5000 个粉丝了？而且随着你直播时越来越娴熟，影响力越来越大，引流效果就会越来越厉害。

3. 在直播间中可以跟粉丝即时互动

平时看电视的时候，看到精彩部分，你是不能与屏幕后的人互动的。在公众号、知乎等图文平台，你可以留言，但是对方的回复没有那么及时。但在直播中，完全可以做到时时互动。观众可以在直播间评论区留言，也可以把重要留言上墙，让所有观众都看到。这个时候，主播可以选择回答观众的问题，甚至邀请观众连麦，一起探讨。直播间能够让主播和观众产生极强的互动性，让观众更容易对主播产生信任和黏性。

所以，直播间就是一个金矿，是一块被低估价值的洼地。早一天耕耘，早一点收获，因为直播间的商业价值有太大的想象空间了。既然直播如此重要，那么新人开直播时，有哪些注意要点呢？

直播间要有颜

想要直播间产生最大化的商业价值，首先要把人留住，让每一个无意中进入你直播间里的人，都感觉赏心悦目，愿意多留几分钟。所以打造一个高颜值的直播间非常重要。

高颜值来自两个方面：第一，直播间的背景要干净清爽，有高级感；第二，主播的个人形象要好，在直播的时候给面部加上打光灯，选择合适的服装以及配饰，适当地打开美颜功能，尽量让自己美美地出镜。

总之，直播间作为一个视觉化的立体呈现，无论是直播间背景的布置还是个人形象的营造，都是非常重要的。

直播间要有趣

直播不是上课。很多人，尤其是知识 IP，把直播当成了上课，认认真真地在直播间讲课，结果在线人数就是上不去，甚至哗哗往下掉。这是犯了直播的大忌，把直播当成了上课。

直播间和培训课堂真的不一样。在培训课堂中，你可以慢慢影响对方，层层递进地讲课，学员一开始觉得无趣也没有关系，反正他还会留在课堂上，你可以用两小时甚至半天的时间来征服对方。而直播间则不同，分分钟都有新人进来，你要确保分分钟都能把人留住。所以，一个优秀的培训老师未必是一个优秀的直播主播。

一个能留住人的直播间，首先要是一个有趣的直播间，要为观众提供情绪价值。因此我常常在直播间里讲故事，讲笑话，放背景音乐，播放一些声效，我还经常跟查克博士一起出镜，相互打趣，就是为了创造有趣的氛围，我甚至还在直播间跳过海草舞，表演过诗朗诵。

有些老师曾经质疑我，这样你不就成了娱乐主播了吗？我发现，我越绽放、越放松，我的能量就越高，就越吸引人，尤其是高端人群。好看的皮囊千篇一律，有趣的灵魂万里挑一。一个有趣的灵魂更能吸引人，就让我们在直播间中尽情展现我们有趣的灵魂吧。

直播间要有料

直播间要有颜有趣，当然也是要有料的。很多人不敢直播，是因为不知道在直播间里讲什么内容，其实这就跟你发朋友圈一样，有专业圈也有生活圈。直播时你可以讲专业，也可以聊生活。比如有一次我带团队去海南团建，我就一边玩一边和大家直播。

直播间的主题既可以是和我们定位相关的专业领域内的话题，也可以是相对泛泛的话题，大家可以看一下我 2022 年 7 月和 8 月的直播主题课表。

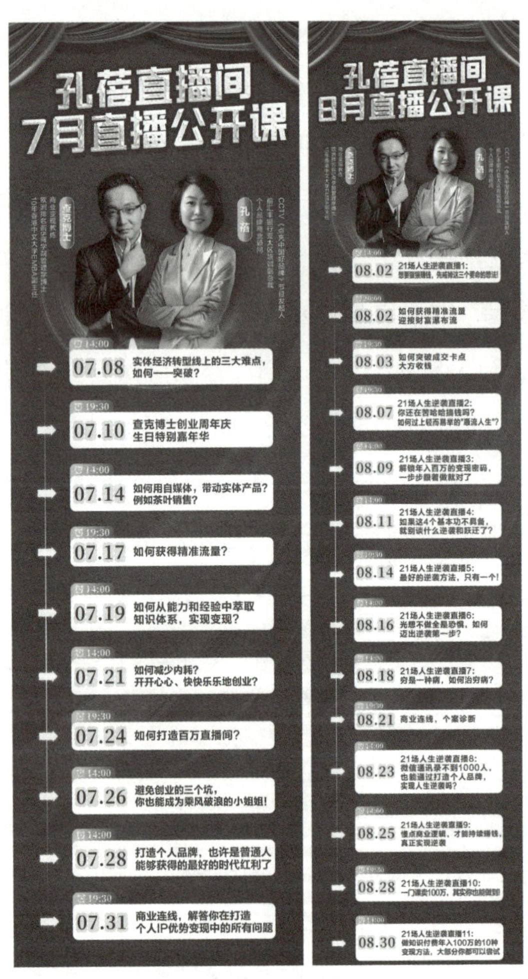

▲ 孔蓓直播主题课表

短视频：你的立体名片

短视频是你的立体名片。把你的故事、案例、观点压缩在一分钟左右的短视频里，可以让陌生人通过短视频对你有一个第一印象。好的短视频，同样可以起到破圈涨粉的效果。当然，对于新手来说，制作短视频稍微有些难度，因为要写文案，还要拍摄、剪辑。如果说你目前还没有准备好批量制作短视频，并且也不着急，你可以先把前面三个传播平台做好。但是，有两个必拍的短视频，越早制作越好。

1. 我的故事

“我的故事”有点像你的人生微电影，把你过往人生的故事经历梳理出来，把你的梦想、愿景都浓缩在一个短视频里，方便别人通过一个短视频全面了解你。

其实，我们身边的熟人也未必真正了解我们。有一次，我的个同学把她的故事短视频发到同学群里，大家看了以后才对她有了一个全面的了解，纷纷感叹“原来你的过去是这样的呀”。其实我们在一起上课已经快一年了，平时也有很多互动，但都不如观看这个短视频对她的了解深入和全面。

对于新加入私域的粉丝，发一个你的故事的短视频可以让对方快速了解你。别人如果要向朋友介绍你，未必介绍得清楚，这时直接发一个你的故事的短视频给对方，他介绍起来也会更轻松。所以这个是必拍短视频。

常见的拍摄手法有两种，一种是用过去的照片加文字加背景音乐串起你的人生故事，这种视频制作成本低，适合新人。另一种就是口播加vlog（视频日志），这个需要相对专业的拍摄团队和后期制作，制作成本会高一些，但更有高级感，适合比较高端的用户。你可以根据你的需要，选一种合适的拍摄手法，赶快把这个最重要的短视频制作出来。

2. 关注你的理由

这个视频可以采取口播的方式，告诉别人为什么要关注你的视频号，你要给出 1 ～ 3 个理由。我把自己的短视频文案分享出来，大家按照这个框架，就可以写出自己的文案脚本。

我是个人品牌营销顾问孔蓓，第一次刷到我视频号的朋友，给你一定要关注我的三个理由：

第一，我有故事。从汇丰银行亚太区的培训部副总裁，到为了孩子回归家庭做全职妈妈；从 8 年的线下销售到转战线上，打造个人品牌，成为一名知识付费的老师。一路走来，我切换过多种身份，做过不同的行业，我会把我的人生故事，慢慢讲给你听，相信一定会对你的人生有所启发。

第二，我有成果。我有最新鲜的个人 IP 变现的成功经验，不到 9 个月的时间，我就实现了百万的变现。有的学员看了我的一次直播或者翻一翻我的朋友圈后，就直接转学费给我了。现在的我，不仅能发挥自己的优势，做自己热爱的事业，还能实现一边旅游一边赚钱的理想生活，关注我，让你的人生也有新的可能性。

第三，我会分享这套打造个人 IP 变现的方法。我用这套方法取得了成功，也用这套方法帮助过背景不同的学员，成功扩大影响力，实现价值变现。这其中包括没有任何特长和背书的“纯小白”，只用了 5 个月的时间，他就实现了从零到月入破 10 万元；也包括本来就有一技之长但不懂营销的专业人士。通过这套方法，实现月入 5 万元、10 万元的人比比皆是。

我会经常在我的视频号和直播中，分享这些案例，相信会对你有参

考价值。同时，我也很懂生活，爱家庭爱健康，爱玩爱拼，我认为每个人都是一座宝藏。关注我，让你变得更美好，谢谢大家！

短视频，相对前面三个传播平台来说，难度会略高一些。你可以先从两个必拍的短视频开始，慢慢摸索出适合自己的短视频制作方式，做多了你就会发现，其实它也没有那么难。

公众号：沉淀干货的资料库

公众号就是一个拼实力的平台了，因为公众号是以图文的形式展现的，而且一篇可以写 1000 ~ 3000 字，适合把你的深度思考、超级案例、详细的产品介绍都沉淀在公众号里。每次有人想了解某款产品时，我就直接把它的产品介绍发过去，或者把跟对方情况类似的案例文章发过去，都可以加深信任。

那什么样的公众号会带来新流量呢？就是内容上有干货、情绪上有共鸣的公众号。大家看完上面的文章后觉得很有收获，才会愿意转发，才会带来新流量。尽管公众号的红利已经过去了，但是它可以作为一个展现你实力的干货资料库展现给大家。同时在每一篇公众号文章的前端，你还可以插入你的直播链接或短视频链接。公众号也可以作为整个私域传播闭环中的一个环节，加深其他内容的触达率。

如果你现在还不能在公众号上很稳定地输出内容，建议一定要先写一篇你的个人品牌故事。在这篇个人品牌故事中，你要把自己为什么有资格做这个定位，过往有哪些经历、高光时刻、至暗时刻，以及未来有什么样的使命愿景都描述出来。跟前面的短视频“我的故事”一样，你的个人品牌故事也是你自我介绍的重要工具。

其他公域平台

前面 5 种都属于私域，除了用好私域，我们也需要在公域中传播我们的内容，现在我们用得比较多的公域平台有抖音、小红书、知乎、B 站、快手、简书等。

其中，知乎上发布的图文比较多，建议新手多关注，因为知乎主要是回答问题，可以很好地训练你的思考和输出能力。小红书上则是图文和短视频都有，比较适合一些高知、爱学习的女性，如果你的客户群体是女性，小红书不失为一个非常好的引流渠道。

抖音和 B 站是以视频为主的。B 站上是长视频比较受欢迎，我个人就喜欢在 B 站上听一些课程，而且 B 站上年轻人居多。

不同的平台，玩法和推荐机制都不一样。如果大家要去做，最好的方法就是，先找一个业内的专家，付费咨询一下怎么做最适合你；然后你再小范围地去测试一下。

出书

关于出书，我太有心得体会了。为什么出书这么重要？因为中国人有文字崇拜，“文字”还不太精准，应该叫“铅字”崇拜。同一个内容，打印出来变成印刷物之后，你就会对它产生莫名的崇拜感。而出书对我最大的帮助就是，让我对自己的整个知识体系进行了一次深度梳理。

书也是我们的一张名片。你拜访客户的时候，送对方一本自己写的书，对方会对你景仰三分。而且当你出书以后，你就多了一个作家身份。

总之，如果你想做一个大 IP 的话，各个引流渠道都要提前布局。

适合普通人传播内容的平台

平台	特点	内容/分享/必做
朋友圈	速 建信任 + 易 出成果 + 免费 平面广告区	内容：有收获 + 分阶段 + 规划+布局
社群	内容触达率高 + 互动参与性强	分享：暖 有温度 + 去中心化 + 运营 专业化
直播	强 信任感 + 带 新流量 + 即时互动	要有颜 + 要有趣 + 要有料
短视频	立体名片 + 破圈涨粉	必做：我的故事 + 关注理由
公众号	干货资料库 + 链接其他平台	内容：有干货 + 有共鸣

5种私域传播平台

2种公域传播平台

抖音、快手、B站、小红书、知乎、简书	出书
短视频 ｜ 图文	对知识体系的深度梳理

引流传播的核武器：品牌营销大事件

好的内容会让粉丝对你逐步产生信任，但是要进一步突破，在内容和传播之间，还要加上一个关键词“事件”，也就是把内容做成事件再传播，就能让内容成为品牌营销大事件。这样的大事件可以像核武器般，在最短的时间内，造成最大的影响力。

我们的生活早已被品牌营销大事件深度影响，比如，买东西会尽量等到“618”年中大促，或淘宝的“双 11”活动；一家人每年春节都会围坐在一起吃年夜饭，看春节联欢晚会；以及每年 12 月 31 日的晚上都会收看罗振宇的跨年演讲；等等。

罗振宇的线下跨年演讲，承诺一办就办 10 年。2022 年由于疫情原因，观众无法现场聆听罗振宇的跨年演讲，平台退了所有的门票钱，空荡荡的演播大厅里，只有罗振宇、配乐师和座位上的一排排大熊猫。站在经济的角度，这场活动是亏本的，但站在品牌的角度，这却是一场非常成功的影响力大事件。上万观众在线观看，想象一下，10 年中，就单单这一个影响力大事件为平台贡献了多少流量？所以品牌营销大事件的核心不在于数量，而在于持续，每一年在固定的时间做固定的事情，事件影响力就会持续倍增。

这样的品牌营销大事件，作为个人品牌打造者，我们也可以举办。对于个人来说，举办这种活动最大的好处是，让事件被关注，让品牌被谈论，在短期内提高你的势能，让更多的人有理由帮你传播，使粉丝迅速裂变。这样既能确定你的地位，也能提高你的影响力，吸引大量的粉丝，让你获得更多高质量口碑反馈。

作为个人，我们如何策划自己的品牌营销大事件呢？我们可以从以下几个角度来思考。

① 从关键的时间节点找活动灵感。比如你的生日可以固定举办生日主题活动，可以是线下的生日派对，也可以是线上的云派对。每年年底，你也可以举办你的线上或线下的跨年演讲。每年你的公司注册日，可以举办创业周年庆。

② 对于普通人来说，一年策划 3 ～ 4 次大事件就足够了，策划太多会分散精力。把大事件分配到年头、年中、年末，提前确定好时间、主题，接下来每一年就在固定的时间做固定的事情。内容形式上可以创新，主题上最好有连续性。

③ 活动形式建议线上与线下结合。三次大事件中，可以以线上为主，搭配线下活动，也可以以线下活动为主，搭配线上造势直播。

大事件的目的有两方面，一方面是扩大影响力、传播引流；另一方面是成交销售。可以以其中一方面为主，也可以两者兼顾。

我在 2021 年 4 月，举办过一次营销大事件，是一场 12 小时的大型直播，就是兼顾了品牌影响力和成交销售两方面。直播间合计产生了 500 万元的预售额，有近 4 万的场观，在直播期间，私域流量新增了近 2000 人。

在这次营销大事件中，我把所有的私域传播渠道都用上了。

① 公众号：提前写了 6 篇学员的案例，每一篇都有直播预告。

② 视频号：发布了 7 个学员为我加油打气的小视频。

③ 社群：提前建好直播群，并通过设置有吸引力的礼物，使直播群裂变了 8 个，每个群 200 多人，仅社群就让私域流量增加了 2000 人。

④ 直播：直播当天在直播间里不断引导观众加入直播群，即使对方没有从头看到尾，也能在直播群里看到文字分享，双重触达。

⑤ 私聊：在直播期间看到有人把产品加入购物车，但是还未下单的，安排后台工作人员一对一私聊。

从这个案例中大家可以看到一场营销大事件，把所有私域成交场景都用上了，环环相扣，威力极大，堪称原子弹级别的传播引流。

营销大事件的流程

营销大事件不是凭感觉做出来的，也是有一定流程的，分为造势、起势、追势三个阶段。我结合发售“孔蓓个人品牌陪跑营”的整个过程，和大家详细拆解如何运用造势、起势、追势这三个阶段来营销。

造势：就是让更多的人知道你的营销大事件

我们在发售“孔蓓个人品牌陪跑营”的时候，造势是从 2022 年年度分享的时候就开始做了。在年度分享时，我做了题为“这一年，我悟到的三个人生真谛”的直播。在这次直播中，我总结了自己三次人生升华的经历；然后分享了在这些经历过后，我逐渐沉淀下来，生命的步调发生的从快到慢、从追求速度到追求深度的转变。

这次直播后，我的很多粉丝都纷纷猜测：孔蓓经历了什么？为什么会放慢发展速度？还有更多的粉丝期待详细了解我完成三次人生升华后的状态。

随后，我又做了题为“大变局下的个人 IP 与创业密码”的直播，紧接着开始发售陪跑营的产品。

很多粉丝告诉我，就是因为听了我的年度分享，他们想了解我的转变对于个人品牌创业有什么新的想法，才来到了我的直播间听我讲解产品。

如果一开始我就说我要发售产品，很多人未必会进入我的发售直播间。但我成功引起了人们的好奇，有了好奇心，就有更多的人围观。

起势：就是让更多的人参与你的营销大事件

我们在“孔蓓个人品牌陪跑营”的营销事件中，邀请了 100 多位志愿者帮我们邀请人进入直播间，这一行动让我们的直播间人数达到了 4.7 万。

一个志愿者也许只可以邀请 100 人预约直播，那 100 位志愿者能够邀请到的就是 1 万人，这就是群体的力量。

所以，营销大事件要成功的关键，就是设立推广机制，让所有的粉丝愿意为你推广。这些机制的建立未必要靠金钱奖励，名誉、身份、证书等精神奖励有时更加有效。

任何营销事件，即使曝光率不高，只要人多，基数大，最后的效果都不会差。

追势：就是营销大事件结束以后的一系列报道，进一步扩大影响力

营销大事件活动的结束，并不是营销活动的结束，而是二次高潮的开始。

如果营销活动非常精彩，大家往往对你还留有印象，这个时候如果加上一系列报道，大家就会对你产生更深的认识。

我们在“孔蓓个人品牌陪跑营”的直播活动结束后，又在微信直播群里做了两次文字分享，再次阐述了我们的初心、陪跑营的特色等。

同时，我们也出了一篇公众号文章和一个短视频，对陪跑营做了详细的介绍。

有一些学员错过了我们的直播，或者在我们的直播间只待了一段时间，没能对于所有的内容进行全面了解，通过这两次文字分享，以及文章和短视频的传播，又有一些人报名参加了陪跑营。

这就是“追势”的作用，不浪费每一滴流量。

我还将整个营销大事件形成了详细的 SOP，扫二维码回复“营销大事件 SOP”可免费获取。

读到这里，你应该对于如何构建属于自己的引流传播体系非常清楚了吧？当我们有了源源不断的流量，接下来就是成交了。

09
成交体系

在我们通过不同的传播策略获得精准流量以后，就该成交了。因为此刻用户对我们已经有了初步的信任，也了解了我们的产品体系。但很多人都会卡在这个环节，我有几个学员告诉我，用户已经在微信上咨询产品的具体价格和服务内容了，但他们就是无法成交。有的学员是因为不敢报价格，有的学员则缘于无法捕捉到用户的需求，这些都是不懂成交技巧导致的。

前面我们学习了如何成为销售高手，销售和成交其实是一套完整的动作，成交是销售的最后一个环节，更确切地说，成交是销售成功的一个结果体现。所以我认为，成交这个动作其实是发生在客户内心当中的，而且每个客户内心中都有一个成交天平，这一点我在销售力那一章节中讲得特别详细。

而在本章中，我们将重点讨论在微信生态体系下，如何通过构建自己的“四轮驱动成交体系”促进成交。这四个轮子包括一对一私聊成交、朋友圈自动成交、社群批量成交、直播间成交。四轮可以单独驱动，也能联合起来共同驱动，当这四个环节环环相扣，就能多点触达潜在客户。每触达一个环节，就有机会增加客户对你的信任度，自然就有机会成交。

每一种成交方式我都亲自验证过，并用这套方法辅导私教学员进行实践。很多私教学员只是掌握了朋友圈自动成交和一对一私聊成交，就能达成不错的成交效果。当你掌握了前两种成交方式，再逐步将社群批量成交和直播间成交学会，你的变现能力就能轻松放大十倍、百倍。

接下来我就把这 4 个成交方式的具体方法详细地告诉你，你只要照着做，就一定会提高自己的成交能力。

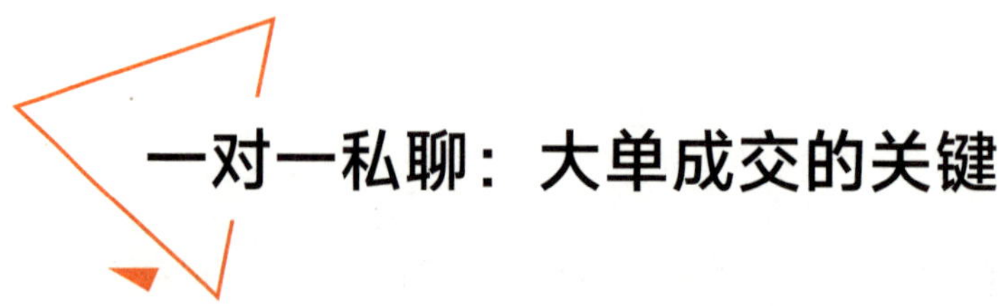

一对一私聊：大单成交的关键

一对一私聊成交的能力在打造个人品牌的前期特别重要，直接决定了我们的变现能力，尤其是大单成交能力。这项能力与其他三项搭配使用的效果最好。自动成交通常是小单成交，真正要成交大单时，还是要先通过朋友圈“种草”，社群、直播间先成交定金，最终靠一对一私聊咨询，让对方决定支付全款。换位思考一下，当我们支付的金额是大几千或者过万的时候，我们是不是也要跟对方沟通一下，确认对方的产品的确能满足自己的需求之后，才敢放心付费呢?

大单成交的步骤一般有：

① 朋友圈“种草”+ 私聊成交。

② 社群成交定金 + 私聊成交全款。

③ 直播成交定金 + 私聊成交全款。

一对一私聊成交对于新人的意义还在于输出倒逼输入。在做一对一咨询的时候，我们要解决对方的具体问题，但可能会遇到一些我们当下暂时还解决不了的问题。当我们带着这些问题去求助老师、查资料、看书的时候，我们的学习效率会成倍增长。这一过程就逼着我们快速提升了自己的专业度。

当然，随着我们个人影响力的不断扩大，我们对一对一私聊成交的依赖性会逐步降低。但是一对一私聊成交，可以让我们深刻掌握成交的底层逻辑，并帮助我们把这种成交思维运用在各个传播路径当中，最终达到不销而销的最高境界。

我把自己20多年的营销经验总结提炼出了一套人人可复制的“咨询式成交十步曲”，可以应用于各行各业和不同形态产品的销售中。我辅导的私教学员之所以能出成果，是因为他们人人都掌握了一对一私聊咨询成交的能力，他们的成交率可以保持在50%以上。为了让你更好地理解并且掌握这套方法，接下来我会一步一步带你将其拆解和应用。

你的问题（痛点）是什么？

想要解决客户的问题，我们首先要学会界定问题。很多时候向我们咨询的人也不知道他的问题是什么。或者他以为问题是A，而实际上真正需要解决的问题是B。所以第一步我们要用开放式的问题，梳理出客户真正要解决的问题和痛点到底是什么，可以用以下常用问题模板进行提问：

- 你今天最想解决的问题是什么？
- 在这个方面，你觉得最让你痛苦的是什么？
- 在××方面，目前最困扰你的是什么？你觉得最棘手的是什么？

有可能困扰对方的问题不止一个，所以我们要耐心地继续询问：

- 还有别的问题吗？
- 看来你的困扰比较多，那我想确认一下，今天你最想解决的问题是什么？

这个问题对你造成了哪些困扰？

找到这个最核心的问题之后，我们要继续刺激客户的需求。因为在成交天平上，你所提供的产品的客单价越高，客户要付出的代价就越高，客户不改变的痛苦大于要付出的代价时，才会促成其购买行为。所以我们不仅要问出客户的需求，更要继续提问以刺激客户的需求。常用问题模板有：

- 明白了，那我很好奇，为什么你这么在乎这个问题？
- 为什么这个问题对你来说这么重要？
- 如果这个问题不解决，会对你造成什么样的影响？

你自己采取过哪些方式来解决这个问题？

这个问题是为了排除竞争对手，防止出现一种情况：当我们非常热情地介绍完我们的产品和服务之后，对方提出反对意见“其实我已经报了很多这方面的课，都没有时间听”，或者“我已经买了 ×× 产品在调理了”。

我们可以先问问对方已经采取过哪些方式解决问题，如果对方真的很介意这个问题，且问题也出现了一段时间了，那他一定自己采取过一些方式来处理。我们要耐心地询问他所有尝试过的方法的细节，为应对反对意见做准备，记得还要问：还有吗？还采取过什么措施吗？

这些方法有用吗？

这个问题其实有点明知故问，因为如果效果好的话，他现在就不会还有这个痛点了。但这个问题，可以让对方意识到他所尝试过的方法是不管用的。

你知道为什么你这么想解决这个问题，也采取了这么多方法，却依然没有效果吗？

这个问题非常重要。你一定要用非常坚定的语气，看着对方的眼睛，一字一句地、有力地抛出这个灵魂拷问。这个问题问完，对方就会立刻把所有的注意力放到你身上，因为他们也很好奇，他们也特别想知道答案。

给出专业分析

此时就需要你用专业来征服对方了，你要给出专业分析，解答对方问题背后的真正成因是什么，过去的那些方法为什么不成功，要解决对方所面临问题的核心关键点是什么。

例如：你非常懂得打造个人品牌的重要性，自己也尝试过很多方法，也拍过短视频，做过直播，上过很多课，但是效果依然不明显。其实根本原因是你没有明白个人品牌的底层逻辑到底是什么。你做的所有动作都是一个点，而这些点并没有串成一根线。其实打造个人品牌，不是某几个动作，而是一整套体系，你只在单点上做工作，就算你的短视频拍得再好，其他动作没有跟上，定位、产品体系都不合理，也是没有用的。

给出解决方案全地图

到了这一步，才需要亮出你给对方提供的问题解决方案，重点在于给出全地图，让对方明白你会如何一步步帮助对方改变，结合你所有适合他的产品来介绍。

介绍的语言结构是：目前阶段，我建议你使用 ×× 服务，这项服务第一步……第二步……第三步……这样做下来会达到……效果。此时你可以升级 ××× 服务，这项服务第一步……第二步……第三步……这样做下来会达到……效果。

例如：我建议你先尝试三个月的私教服务。第一个月，我会先梳理你的商业模式，我们需要好好分析一下你的优势到底在哪里，还会做专业的测试，了解你过去所有的经历，认真地找到你的差异化优势，这样才能确定你的定位。有了定位，才能梳理你的产品矩阵，以及主要传播途径和内容的重点。第二个月，我们要重点突破你的文案能力和私聊成交能力，不仅要教你文案怎么写，更要手把手帮你修改。第三个月，重点在于突破直播和短视频成长的能力。三个月后，你就可以把私域的商业闭环跑通，能力强的话，还可以策划一次营销大事件。三个月以后你就可以升级 ×× 服务了，这项服务……

给出解决方案全地图最大的好处就是让对方知道自己的成长（改变）路径，并一次性了解了你所有的产品体系。即使现在对方只购买了前端产品，只要效果明显，他也知道下一步需要升级为什么产品。

展望美好未来

成交是需要感性的，当我们理性地展示完解决方案全地图后，还需要再把对方带入感性的美好展望中，让对方想象一下，当这个问题解决后，他的人生会有多么美好。

常用问题：想象一下，当你变得……时，你会怎么样？

例如：想象一下一年以后，会有更多的人了解你，知道你有多专业，有很多有需要的人会主动来找你，你可以用你的专业知识帮助他们。更重要的是，你可以在家里，一手带娃，一手干事业，非常自由，时不时还能来一场说走就走的旅行。你感觉怎么样？

这个步骤需要充分调动对方的五感，带领对方去想象他梦想画面中听觉、视觉、感觉、触觉、味觉方面的体验，让对方充分想象美好。

你能做到吗？

成交不是终点，只是售后服务的开始，我们不是要把产品卖给对方，更重要的是希望对方有所改变。所以这个问题很关键，要让对方明白，他也要为结果负责。所以我们有言在先，可以向对方提出要求，不能做到的学员或客户，是不建议成交的。

例如：我收学员也是有标准的，你能做到以下几点吗？如果是销售瘦身套餐，也要有言在先：当然，想达到这样的效果，是需要你配合的，你能做到每天……吗？

如果对方此时有犹豫，你先不要急着成交。让对方好好考虑一下，他要的到底是什么，愿不愿意为他要的结果付出代价。这个问题会让后期的交付变得更容易。

你打算从什么时候开始？

谈话进行到这里，已经到了可以拿结果的时候了，这个问题是做一个测试，如果对方已经心动，决定购买了，他就会告诉你具体开始的时间。如果对方还有犹豫，面对这个问题，他就给不出具体时间。你就需要进一步了解对方犹豫的点是什么，有必要的话再进入前面几步，继续挖掘他的需求。

如果确实时机未到，也没有关系，对方已经在我们的私域里了，他还有机会看到我们的朋友圈、读我们的文章、看我们的直播，可以继续被“种草”，直到自己说服自己。

以上这 10 个步骤，你刚开始实行的时候，可以将其打印出来，一步一步对着练习。随着你越来越熟练，你就可以形成自己的私聊风格了。

一对一私聊：大单成交的关键

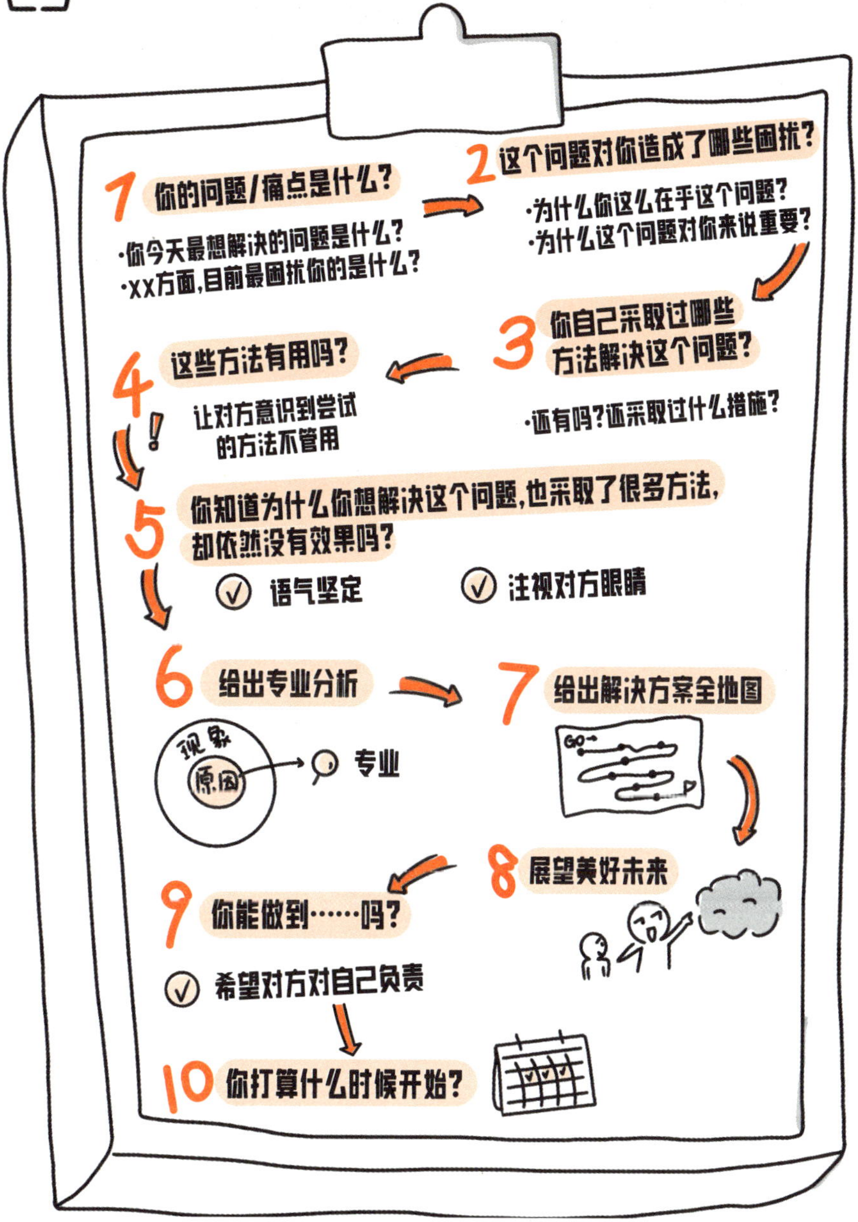

1 你的问题/痛点是什么？

·你今天最想解决的问题是什么？
·XX方面，目前最困扰你的是什么？

2 这个问题对你造成了哪些困扰？

·为什么你这么在乎这个问题？
·为什么这个问题对你来说重要？

3 你自己采取过哪些方法解决这个问题？

·还有吗？还采取过什么措施？

4 这些方法有用吗？

让对方意识到尝试的方法不管用

5 你知道为什么你想解决这个问题，也采取了很多方法，却依然没有效果吗？

✓ 语气坚定　✓ 注视对方眼睛

6 给出专业分析

现象
原因
专业

7 给出解决方案全地图

GO

8 展望美好未来

9 你能做到……吗？

✓ 希望对方对自己负责

10 你打算什么时候开始？

朋友圈：打造自动成交力

在上一章引流传播体系中，我在朋友圈如何引流这个方法上花了很大的篇幅来讲解，同样，朋友圈成交也是每个人都需要掌握的一个基本功。你只要掌握了这个能力，再结合一对一私聊成交方法，就能很快拿到结果。

发什么内容才能让朋友圈自动成交呢？经过反复测试，我发现以下四类素材最容易建立信任，促进成交。

展示我们的专业和产品的内容

我有时候加了新朋友的微信，翻看他的朋友圈却丝毫看不出他是做什么的。这样的朋友圈，当然不能带来成交。我们要勇敢地在朋友圈展示自己的专业和产品。那么具体可以展示些什么呢？

1. 产品

介绍产品的时候有两个要点需要注意：第一，同一阶段最好主推一款产品。第二，在介绍产品的时候要注意塑造产品的价值。

2. 行业标准

通过分享行业标准，可以让潜在顾客知道什么样的产品是好产品。在发这类内容时，一定要突出自己的优势，弱化自己的短板。如果你是一个入行不久的新老师，本身的资质背书一般，但是特别会培养学生出结果。这样一来，别人可能会对你的资质产生怀疑，那你就要通过朋友圈重新对“好老师”下定义：好老师不在于自己有多优秀，而在于他培养的学生有多优秀。反复通过朋友圈展现你培养学生的成果，就能达到重塑行业标准的目的，让别人认为你是个“好老师”。我们再来看一个实体产品的案例。

一颗真正的好丸子是什么味道？一颗真正的上好芝麻丸诞生最少要经过 15 天，而到了雨季，制作周期会翻三倍以上，成本会翻五倍以上。经历了九蒸九晒后的黑芝麻丸，有一股酱香，口感上还会略带酸苦，而这恰恰是正统的道家九蒸九晒黑芝麻丸的古法味道。

这个朋友圈文案通过教客户鉴别什么是九蒸九晒的上好芝麻丸的味道，告诉朋友圈里的朋友，我们的产品是正宗的，是好产品。

3. 客户好评

比起王婆卖瓜，客户说好才是真的好，客户私信发给我们的好评、客户评价的前后对比、客户在你的帮助下取得的成果都可以用来展示。这就好比我们去一家医院，一个医生背后的墙面上挂满了客户送来的锦旗，而另外一个医生背后的墙面空荡荡的，我们是不是会更容易相信背后挂满锦旗的医生的专业度？

这类朋友圈文案比较容易写，有的时候直接引用对方的话就行了，因为真实就是必杀技。客户好评也可以直接配上产品海报，在写客户好评的时候，顺便就展示了我们的产品和服务，这也有促进成交的效果。

详情

孔蓓

"孔老师不仅仅是IP打造师，同时也是心灵导师"

今天给魅力导师Melody老师做了一次1对1辅导，制定了接下来的品牌战略，更重要的是……

让璇老师相信她可以在她的领域成为一代宗师！

我的每一个私教学员都是独一无二的，我的职责就是尊重每一个人的节奏，制定适合她当下的品牌策略，同时带领她看到更高的自己！

我深信每一个人都是一座宝藏，每一个人都有无限潜能，我愿意做你的宝藏开采师，陪你一起遇见更棒的自己！

▲ 孔蓓朋友圈文案

4. 目标人群痛点

这类朋友圈文案是最有杀伤力的，因为它直接针对我们的目标客户群体。直接写出该群体的痛点，越具体越好，因为一个客户的痛点就代表了一批同类人的痛点。

举个鼻炎患者痛点的例子。

鼻炎的痛，只有得过才知道，每天鼻子痒，流鼻涕，鼻子都快被搓烂了，严重影响白天工作时的心情，更糟糕的是晚上睡觉时还鼻塞，整个晚上都翻来覆去睡不踏实，简直要崩溃了。

5. 专业内容

发布专业内容就是为了展现我们的专业水准，主要写你对你所在领域的一些认知、一些观点。例如文案教练可以写一个“×× 说文案”系列，情感老师可以写“×× 说情感”系列，我也写过“孔蓓说品牌”系列。写成一个系列会显得更系统化。

孔蓓

#孔蓓 101 条个人 IP 实战秘籍 7 有个人标签≠有个人品牌

很多人以为打造个人品牌，就是给自己起一个高大上的个人标签，拍一张专业的形象照……

这两点当然要做，但不表示做到了，你就拥有了个人品牌

只有当别人想到你的时候，可以很清晰地说出你是干什么的，说出你标签的关键词，你才算拥有了个人品牌

那么更厉害的个人品牌是什么？就是你是他一想到这个关键词时，首先想到的那个人

例如，如果你是做形象美学的，当她或她周围人想变美时，她首先想到的就是你，那你的个人品牌就很强大

记住，你是谁不重要，你在别人心目中是谁才重要！

▲ 孔蓓朋友圈文案

展示我们的人品和价值观

真实展现我们的人品和价值观，可以最大限度地塑造人格魅力，这样我们吸引的不仅仅是顾客，更是粉丝。写到这里，请大家停下来思考一分钟：

· 你最引以为傲的个人品质是什么？请用三个形容词来形容自己，例如真诚、善良、靠谱、有情有义等。

· 你深信并且一直在影响你的价值观是什么？例如施比受更有福、凡事发生必有助于我、种子法则等。

平时在寻找朋友圈素材的时候，你就可以围绕上面这些点，找那些可以证明自己人品或价值观的素材来写。例如证明我们真诚和可靠：深夜还在辅导学员；答应别人的一件小事，虽然在执行过程中遇到困难，但坚持完成，因为答应了就要做到。

我们的价值观也是通过实例来展现的，如：当我遇到这件事情的时候，我是这样想的，因为我相信……

无论是“人品圈”还是“价值观圈”，都要反复发、经常发，通过这些案例，逐渐加深他人对我们的认知，使他们发现我们的人格魅力。当别人喜欢的是我们这个人时，我们无论销售什么都能轻松成交。

展示我们的生活和兴趣

谁都喜欢跟一个有温度的人打交道，所以我们的朋友圈要增加一些生活内容，展示我们的性格、爱好、生活，以及我们身边的亲人、朋友，这样的朋友圈可以让我们更有温度，更有真实感。

例如我就经常在我的朋友圈里发我练瑜伽的照片，还会经常发我与家人互动的内容，讲一讲儿子的小故事，发一发我老妈做的菜，这样的朋友圈就很有烟火气，很有真实感。朋友圈里的朋友会觉得我们活得很真实，哪怕好久没见了，他也能通过朋友圈知道你的近况，无形中就拉近了你们的关系。

展示我们的圈子

很多时候我们是谁，取决于我们跟谁在一起。我有一个同学是专业摄影师，我本来不知道她的专业水平，直到有一天，在她的朋友圈里看到好几张她跟文化名人的合影，例如周国平老师、张治中导演，我才知道她是这些文化名人的御用摄影师，瞬间我就觉得她特别专业。所以我们也可以在朋友圈中展示我们的圈子，让别人知道我们在跟谁交往，跟他们见面的过程当中我们收获到了什么。

不管你以前在朋友圈的成交力怎么样，只要你用好我分享的这四个内容，你的朋友圈成交力一定会提升。

朋友圈四类素材建立信任促成交
1 展示自己专业和产品的内容

产品

行业标准

客户好评

目标人群痛点

专业内容
2 展示我们的人品和价值观
善良
靠谱
真诚
种子法则
……
……

有真实感
人设
爱好
生活
亲朋好友

3 展示我们的生活和兴趣
分享跟谁见面，收获什么

4 展示我们的圈子

社群成交：10 倍放大成交力

在社群中成交，最常见的方式就是社群发售，顾名思义就是在社群里面做发售。社群发售通常会先做干货分享，体现分享者的专业性，提升大家的信任度，再于分享后直接进行产品发售。分享的形式用文字、语音、图片、小视频等都可以。

然而，在一个社群里，你最想做的就是发广告卖货，群友最不想做的就是看广告。那么，为什么我们一定要用社群做发售呢？又如何用社群来成交客户呢？下面我将为大家解答这两个问题。

社群发售的好处

社群发售最大的好处就是私密性比较强，在社群里我们可以销售任何产品，并且只针对我们想发售的人群，不会打扰到社群以外的其他人。即使发售的结果不太理想，群外的人也不会知道。而且社群发售操作简单，非常适合品牌新人上手锻炼。

社群发售的分享内容可以回看，而大部分带货型直播是不能回放的，线下会议更是必须到现场参加，所以从这个角度来说，社群发售覆盖的面更广。

在三种“一对众”的发售方式中，社群发售的适用面最广，无论是有形的实体产品还是无形的知识产品，无论是高价产品还是低价产品，都可以在社群里发售。

如何做一场成功的社群发售成交？

一场发售活动成功与否，要从两个指标去衡量：一个是影响力，一个是成交力（成交力包括成交人数和成交金额）。接下来，我们就从三个方面来策划如何提升影响力和成交力。

1. 发售前

一场活动成功与否，80% 取决于发售前的准备，在发售前我们就要做好产品裂变和宣传的准备。

我做过一场相当成功的社群发售，销售的产品是一个价值 799 元的针对新人的个人品牌起步训练营。这个产品的由来是我一个加拿大的朋友在朋友圈中看到我发的个人品牌打造的内容后，问我能不能给加拿大的华人讲讲如何打造个人品牌。因为当时那里疫情严重，大家不能外出，都在思考人生下半场有没有新的可能性。我觉得这件事情特别有意义，就一口答应下来。原以为是对方负责招生，我来负责讲课。结果在分享前 5 天，我发现对方只邀请到了五六位朋友听课，因为大家都在忙圣诞节前的准备。

这让我开始思考，如何在最短时间内建起一个几百人的社群，能够把这个训练营开起来。我的目标是先招募 30 人，于是我做了这样几个动作。

发朋友圈宣传

在朋友圈滚动发布这次分享的主题，突出说明大家会有什么收获、谁适合听，并邀请大家进群。

一对一邀请

我写了一段非常诚恳的话，告诉大家这个训练营的由来，并且设计了几个话题，请大家选择对哪个话题最感兴趣，对方只需要回复数字即可，数字对应了各个话题。我把这段话以私信的方式发送给了我认为可能感兴趣的近千人。凡是回复数字的，我会再回复一段话："感谢你的回复，对我很有帮助，我想邀请你进群一起听分享好吗？"然后邀请他们进群。

群内裂变

针对已经进分享群的朋友，我设计了一份群成员裂变的礼物，凡是把分享海报发送在朋友圈里的，凭截图可以获得一份我亲自写的"打造个人品牌的秘籍"。邀请朋友最多的前三名，我又设计了一份礼物，可以获得我 30 分钟的一对一咨询。

通过以上这三个准备动作，我快速在三天内建起了一个 300 多人的分享群。这三个动作同样适合其他类型的社群发售。

思 考

- 你做社群发售的目的是什么？
- 你要发售的产品是什么？
- 你如何吸引精准人群进入社群？
- 你如何设计群成员裂变环节？

2. 发售中

社群发售也是销售的一种形式。销售的底层逻辑同样适用于社群发售，所以发售成功的关键点在于：第一，我们能不能成功赢得客户的信任；第二，我们能不能让客户意识到痛点 + 好处要付出的代价，让成交天平向成交端倾斜。

因此整个发售过程的设计都要围绕这三点：

发售时长

发售时间的长短，可以根据客单价来设计。客单价低的，可以在当天分享完干货后就直接发售产品；客单价高的，可能需要 2 ~ 3 天来建立信任度，再做发售的动作。每次分享的最佳时间控制在 40 分钟左右，因为现在大家的注意力都有限。

提升在线率

虽然社群分享是可以打包回看的，但是在线参与分享的人越多，氛围越好，成交率就越高，所以我们要想办法提升大家的在线听课率。可以通过以下这些方法来完成：

- 分享当天，可以在分享群里多次发倒计时红包，提醒大家开课时间。
- 开课前 1 小时用私信方式提醒大家来听课。
- 设计一个特别有诱惑力的小秘籍，告诉大家在线才能看得到，因为发出后一分钟就会撤回。

干货分享的注意事项

因为是线上分享，我个人比较建议文字 + 图片分享，因为对方看文字会更方便，如果是语音分享的话，很多人会没有耐心听完。

但我建议在开场的时候，可以发送一两条问候、自我介绍的语音，这是为了让对方听到你的声音进而对你产生信任感。当然，你也可以准备一条语音加一段文字同步分享，大家可以选择自己喜欢的方式来读取。

3. 发售后

提出价值主张后，我们要立刻安排付款码，然后让已经付费的人在群里报名接龙，这样可以激发其他人的购买欲望。

这就是一个社群发售的全流程，你可以直接套用，如此就能做一场转化率高的社群发售了。

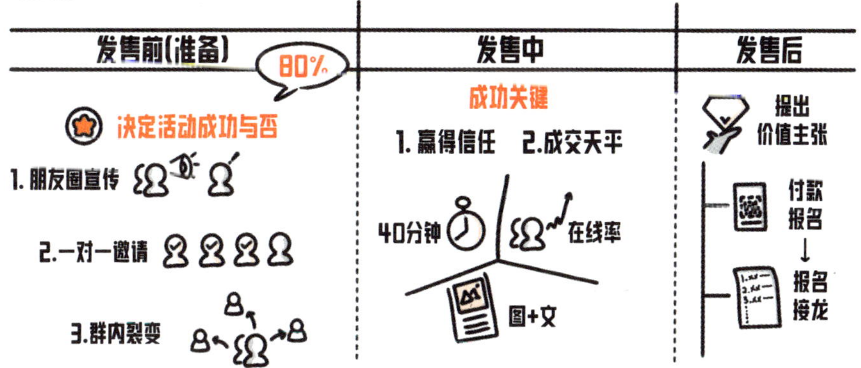

直播间成交：人人都可以做带货主播

直播是非常好的成交机会！很多人都在直播间里买过东西，直播的销售能力我们有目共睹。但是很多新手主播在做直播的时候有心无力，直播间没有流量，只有老粉，不知道怎么突破。下面我将会详细给大家讲一讲怎样做一个优秀的主播。

我个人其实是从素人直播开始的。2021 年春节期间，我才开始做第一场直播。但很不巧，因为第一场直播后意外受伤，我只能暂停了后续的直播计划。我真正意义上的第一场大事件直播是 2021 年 8 月 31 日的 12 小时公益直播，在线观众只有 5000 人，却创造了平均停留时间将近 1 个小时的记录以及观看人数 100 万的热度。我把在直播间里募集到的资金给宁夏的贫困山区捐助了两间音乐教室，让孩子们有更丰富多彩的童年，这算是我第一次在直播间尝到打胜仗的甜头。

2022 年春节期间，我开启了联播，一共做了 16 场直播。第一次场观只有 300 多人，播满 4 小时，场观也不过 1000 人。那个时候，在直播间发售也很困难，不管我多努力，根本没有观众买单。但经过我们不懈的努力，2022 年 4 月 17 日的 12 小时直播，我的场观人数达到了将近 4 万人。

我用了一年多的时间，从一个只会讲课、不懂直播的培训老师，到现在通过直播取得了不错的成绩。2022 年 4 月份，我的单次发售预售 500 万元，同时我有 4 个学员的日 GMV（商品交易总额）也突破了 10 万元。我是如何做到的呢？

一场高成交额的直播，都要分为直播前、直播中和直播后三个阶段来筹备。

直播前

直播前要做的事情就是策划，你要把自己当作一个导演。

1. 确定直播的目标

直播间有 4 个数据需要关注，你可以根据这 4 个数据为本次直播设定 1 ～ 3 个关键指标。

① 场观：你的直播间有多少人进来。

② 平均停留时间：每个人平均在你的直播间停留了多久。

③ 新增关注：有多少人关注了你，进入了你的私域。

④ 成交金额：本次直播销售了多少产品，总销售额是多少。

有了清晰的直播目标，再来设计其他环节。

2. 设计直播的主题

为你的直播设计一个有吸引力的主题，例如我有一场产生 10 万元业绩的直播的主题就是“千万 IP 盛典之夜”。那天晚上我邀请的连麦嘉宾都是营收过千万元的超级 IP，很多进入直播间的观众都是被这个主题吸引的。

3. 选择直播间的连麦嘉宾

如果你的直播有嘉宾连麦的环节，那么嘉宾的选择和提前沟通就特别重要。好的连麦嘉宾可以为你的直播间增加人气和销售额，反之则会破坏你直播间中的氛围甚至让你直线掉粉。想要把连麦发挥到最佳功效，就一定要提前跟连麦嘉宾做好沟通，设计好问题，以及每个问题大概的时间。准备得越充分，连麦的效果就越好，最好的连麦是相互赋能，相互导流，相互推崇。

4. 准备直播中的运营团队

对于重要直播，如果想集中精力在内容交付上，就可以把整个运营操盘都包出去。运营团队可以是自有的，也可以请操盘手。操盘有两种形式，一种是单纯运营操盘，比如我请的就都是运营操盘，策划都由我自己来做；另一种形式是你如果不善于策划，就要请运营策划和营销策划了，由操盘手为你提出建议，这就是深度操盘。

有运营团队最大的好处是，你在直播的时候不用一边直播，一边还要关心直播间的互动，抽了哪些礼物，等等。你只需要做最能创造价值的事情就好了。

5. 做好直播前的预热活动

直播的影响力不仅仅是在直播间中产生的，从你开始决定发海报、发朋友圈时就开始了，所以，直播前的预热活动非常重要。如果你是新手，那你的预热周期可以长一点；如果你势能很大、很有影响力，那么预热几天时间就可以了。预热就是直播的花絮，告诉大家你要干什么事情，引起大家的兴趣。

如果预热时已经把直播间中要讲的内容都讲明白了，那粉丝为什么还要来直播间呢？所以预热的时候要保留神秘感，要保持热度。预热活动要充分利用私域的五轮驱动。可以在公众号上写学员见证、在公众号文章中插入直播预约的链接、在朋友圈中发预热海报、在社群里广而告之，甚至可以拍短视频宣传自己的直播，这些都是预热活动。

一场好的直播，80% 的成功都是在直播前。还未开播，就可以预估直播的战绩大概如何。只要准备充分，结果就不会太差。

直播中

在直播过程中，我们要学会“干湿结合”。“干”就是指干货，“湿”就是销售。这两个部分要有序结合。这里有三种结合方式，大家可以根据自己的需要来选择。

1. 边讲边卖

以 30 分钟为一个循环。在这 30 分钟内，既要分享干货，展示自己的实力，又要引导观众关注、加粉丝团，同时还要有销售的部分。因为很多用户是不会在直播间停留很长时间的，所以你要根据自己的粉丝平均停留时间来决定自己多长时间做一个循环。如果你的粉丝平均停留时间是 15 分钟，那么你就需要 15 分钟做一个循环。这种方式适合大部分人。

2. 先讲后卖

在直播的前一个半小时内全部讲干货，留半个小时好好讲解产品。这样做的好处是用内容征服观众，前面把干货内容充分讲好，完全不销售，讲完干货后直接在直播间里告诉观众，接下来我要介绍产品了，此时依然留在直播间里的，基本都是被干货征服的精准客户，成交率会比较高。这种方式适合直播能力较强，能把人留住的有经验的主播。

3. 一直都在卖产品

如果是卖实体产品，可以从头卖到尾，介绍完一件产品，再接着介绍下一件产品，库存多的产品还可以安排返场，再销售一轮。

直播后

直播结束后，还可以安排追销环节。一般重要直播结束后，可以再安排 1 ~ 3 天的追销直播，把重要直播的内容进行复盘，再次销售，以及进行一对一的私聊成交。对于直播带货能力不是很强的新人来说，追销很重要。我有好几个学员都是在重要直播当天销售不多，反而是在后面几天的追销中，取得了很好的销售成绩。

除了追销，直播后的复盘环节也很重要。因为成交只是结果，大家还要了解：成交背后发生了什么事情？哪个时间点的成交数据最好？该时间点发生了什么？哪个时间点的成交掉粉严重？该时间点又发生了什么？这个是大家要去复盘思考的。建议大家准备直播错题本，把每次在直播间里犯下的小错误都列在直播错题本上，防止下次再犯。

只要掌握了这套四轮驱动成交体系的其中一轮，成交变现对你来说都会变得很轻松，四轮同时驱动的威力更是超出你的想象。我的学员在熟练掌握这些方法后，随时随地都能成交，相信你也可以。赶快行动起来吧！

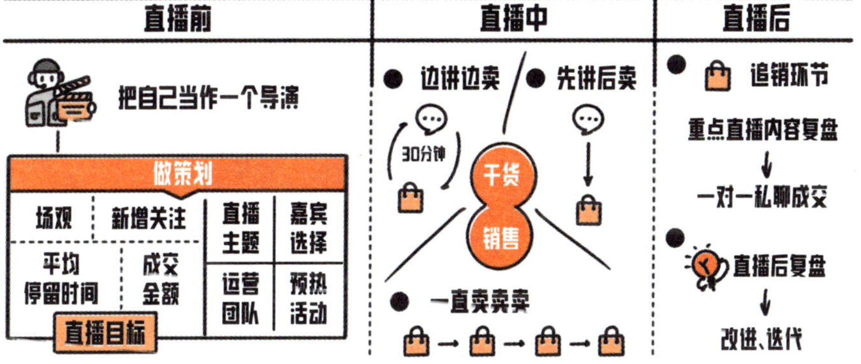

直播筹备三阶段:人人都可以做带货主播
直播前
直播中
直播后
把自己当作一个导演
做策划
场观
新增关注
平均停留时间
成交金额
直播目标
直播主题
嘉宾选择
运营团队
预热活动
边讲边卖
先讲后卖
30分钟
干货
销售
一直卖卖卖
追销环节
重点直播内容复盘
一对一私聊成交
直播后复盘
改进、迭代

10 交付体系

交付是黄金圈外圈的最后一个要素。我始终认为，成交不是个人品牌打造的终点，成交不是目的，成交只是售后服务的开始，成交以后如何交付才是关键。成交是交付的开始，没有交付的成交，就是自毁信誉。只有成功交付，才能形成整个商业闭环。

那到底什么才是成功的交付呢？对此我提出的一个概念——“10倍价值交付”，具体来说，就是把大部分的时间和精力花在服务现有客户上，让现有客户有超值体验，有实实在在的改变。

交付是一门艺术，如果交付太重，不仅自己忙得身心俱疲，学员也累，更糟糕的是还不一定忙出效果。而如果交付太轻，学员的体验感也会不好，有些知识付费的老师很容易犯“会哭的孩子有奶喝”的错误，经常找他的学员他就交付得多，不怎么找他的学员就容易被忽略，缺乏一套完整的交付体系。

经常有学员或同行向我请教，他们觉得自己带十几个私教学员就忙得人仰马翻了，特别好奇我是如何同时带四五十个私教学员的。我之所以能轻松解决这些问题，做到稳、准、狠带学员出成果，是因为我有一整套10倍价值交付的体系。接下来，我就将此毫无保留地分享给你，你只要结合自己的产品稍做修改就能直接用了。

那就让我们赶紧开始了解吧！

什么是 10 倍价值交付

10 倍价值交付其实是针对学员的收获感而言的。10 倍价值交付是指我们提供的结果能够给予我们的客户、学员超出 10 倍的获得感。唯有让我们的客户、学员有足够的获得感，我们的个人品牌才能够在他们心中建立起强信任。举例来说，学员、客户支付我们 999 元，我们就要给他们 9999 元的收获感。相反，如果我们连承诺的交付都没有做到，说一套做一套，那么传播力度越大，差评就会越多，就会越加重用户对我们的不信任感和反感。

因此打造个人品牌成功与否，交付环节是极其重要的。知行合一地去践行 10 倍价值交付，绝不仅仅是情怀，而是打造个人品牌最重要的商业策略。

10 倍价值交付的关键是让客户有成果

衡量我们的交付有没有到达 10 倍效果，关键是看客户是否有成果，就是有收获感，这种收获感来自哪里呢？我非常喜欢个人品牌专家“剽悍一只猫”对于收获感的总结，他说收获感来自 4 个方面，我将此分享给大家。

1. 票子

就是你能帮他解决实际问题，只要解决了实际问题，就是在帮客户赚钱或省钱。如果你是文案教练，那么文案发出去，要给客户带来流量和变现。如果你在销售瘦身产品，那么你的产品要帮助客户瘦下来。客户瘦下来，你就是在帮他省钱，因为如果他继续这么胖，要么容易引起健康问题，需要在就医上花费，要么他就会在别的渠道花更多的钱，结果也不一定能瘦得下来。所以如果我们的服务能够有效果，我们就是在帮客户赚钱或省钱。

2. 圈子

好的交付能营造一个高能量、彼此赋能的圈子，学员或客户在你的这个圈子里，有归属感，被滋养，被激励。我曾参加过亮心私塾，这个社团就交付得特别好，营造了一个非常好的圈子氛围，一个月不见的同学们会非常想念彼此。包括很多EMBA（高级工商管理硕士）班，也特别擅长打造圈子的价值，鼓励大家内部合作消费，让学员们能从这个圈子里获得生意引荐。

3. 面子

这个产品或者这位老师能不能让你感觉有面子，让你愿意在朋友圈里“晒”一下？产品和服务本身具有社交属性，我的学员们会很自豪地在自己的朋友圈里官宣是我的私董学员，这就说明这个交付是让他们有面子的，能够增加他们的势能。反之，有学员报了一些老师的课就不愿意分享，还特意告诉这个老师，不要发朋友圈，这就是没有满足学员的面子需求。

4. 乐子

乐子指的是满足学员和客户的情感需求。他在你这里感觉到被认可、被欣赏，感觉到你懂他，如果他觉得你有一个非常有趣的灵魂，他就会很喜欢跟你待在一起。

在我看来，没有成果的交付都是“欺诈”。

10 倍价值交付，让个人品牌形成溢价空间

我的一对一咨询费从 39 元 / 小时逐步上涨到 2000 元 / 小时。我的年度私教费从 12800 元 / 年逐步上升到 20 万 / 年，并且还在不断上涨中。这背后的原因就是我一直坚持在做 10 倍价值交付。我的学员获得的成果越好，我的品牌就越有溢价空间，越拥有涨价的资格。

不仅是知识类产品，实体产品尤其如此。在产品高度类似的情况下，唯有超值的交付才能提升产品的整体价值，让产品从价格竞争转向价值竞争。

品牌的最大意义就是信任感，降低用户的决策成本，让客户能做到“品牌托付”。当我们的“价值交付”是客户对我们的个人“品牌托付”的 10 倍时，我们的名字就能成为有信任感的品牌，不断增值溢价，享受长期复利。

营销大师科特勒说过，营销并不是以精明的方式兜售自己的产品和服务，而是一门真正创造客户价值的艺术。后疫情时代，很多人都在为未来感到迷茫焦虑的时候，让我们回归商业的本质，历史的长河大浪淘沙，唯独“价值”两个字永远闪亮。仁者安仁，知者利仁，价值交付不仅仅是一句口号，更是我们要去知行合一践行的商业哲学。你的出色交付必将带来客户更真诚的托付。

10 倍价值交付，让成交更轻松

重交付轻成交，不是说成交环节不重要，而是指成交不是目的，成交只是售后服务的开始，成交以后如何交付才是关键。中国有句古话叫悦近远来，我们把近的人服务好了，远方的人自然就会被吸引过来。

这种为结果负责的态度给我带来了巨大收获，因为对方感受到了我的用心，也看到了自己实实在在的改变，所以他们才会忠实追随我，我之后推出什么服务，他们就买什么服务。同时他们也很愿意把身边的朋友介绍给我，我的学员中有 50% 以上的学员都是老学员介绍的，所以我几乎没有为流量发过愁。

在我看来，我们收到的不是学费，而是对方的一份期待。当对方把学费交给我们的时候，是期待我们可以帮他打造个人品牌，帮他成为更好的自己，帮他赚更多的钱。所以我在服务的过程中，如果有学员一段时间后没怎么出成果，我就会主动跟进，了解和关心对方发生了什么，并且我会帮助他克服当下的卡点。正是因为我用心做 10 倍价值交付，我的学员才会非常快地出成绩。

伊彤是我的私董学员，深耕艺术美学 18 年。我结合她的过往经历和专业，帮她精准定位，还带着团队帮她独创了一套访谈咨询体系，手把手教她如何做成交和交付。结果她在跟我学习的第二个月，仅仅线上这一项业务，就收款了 7 万多元！有一次线上发售，她一日收款近百万。

像伊彤这样的学员的案例还有很多，她们的成功并非偶然。这里我再分享一个技巧，就是当现有的客户通过我们的产品和服务做出很好的成绩时，我们就可以把这些成绩通过合适的传播途径广而告之，让更多人知道我们能为谁解决什么问题。比如可以把好消息发布在朋友圈里，或用视频拆解成功案例，写 3000 字左右的学员见证文章，在直播时邀请客户来分享他的见证，等等。

也就是说，我们除了努力交付之外，还要拿出小喇叭广而告之，要低调服务、高调宣传，这样才能吸引到更多渴望做出改变和成果的人。现有学员的好成绩，再加上品牌打造的传播，就形成了一个正向循环，会让你有源源不断的精准客户。

如何开始做交付

我的很多私教学员都会在要交付的时候犯难，其实这是因为他们完全不懂得如何开始交付。那么，交付由谁来做？具体交付的形式有哪几种呢？

谁做交付？

做交付的主体，可以是你本人，也可以是你的团队成员或者合作的服务商。在你的个人品牌发展的不同阶段，做交付的主体也是动态变化的。一般来说，会经历三个阶段。

第一个阶段就是个人品牌刚起步时，在这个阶段，你凡事都要亲力亲为，亲自交付。我在刚开始打造个人品牌的时候，每件事情都自己做，我一个人要做产品设计、销售推广、售后交付、财务、采购，甚至还要对接海报工作。这样的工作持续了一段时间以后，我对工作的各个环节都很熟悉了。这样在下一个阶段把工作分包出去时，我就能看得出对方做得好不好。

当你感觉到自己的时间不太够用，或者有人可以以更低的成本更高效地完成某些交付时，你就已经进入了第二个阶段。此时建议你采取 IP + 助理（供应商）的交付方式。

例如你可以请一个助理，帮你打理日常的工作，请他帮忙做一些难度不高但相对比较琐碎的工作。我在打造个人品牌的第三个月就请了助理，把一些设计对接、社群通知等常规工作都交给他去打理，这样我就可以省出时间来做更重要的内容创作。

我也跟部分信得过的供应商达成了一定的合作，使其与我一起服务学员，比如我亲自培养出来的文案教练、短视频教练等，我会把一些工作外包给他们。对我来说这样服务成本更低，效率更高。

在第三个阶段，我们可以培养团队，让团队、服务商一起来完成交付工作，我将其总结为：IP + 团队 + 服务商 + 志愿者的交付方式。例如我搭建了一个 7 人服务团队，一起来交付，不仅学员的体验感更好，我也能更专注地做自己最擅长且最热爱的事情。

在这里我要特别提醒一下有一定基础的老师，你可以有意识地搭建自己的志愿者团队，带领他们一起完成交付工作。例如我在社群里发现了一些特别热心积极的学员，在征得他们的同意后，我会正式任命他们为社群的管理者，其中包括学习委员、氛围班长、金句班长等。这也是一个双赢的办法，这些志愿者通过深度参与运营，不仅锻炼了自己的能力，获得了展示自己的机会，也能吸收老师身上的能量，快速成长。我也经常会为这些志愿者做一些他们所需要的培训，把志愿者们培养出来，有需要的时候就可以与其合作。

有些超级大 IP，例如“剽悍一只猫”，就有非常强大的后备运营力量——志愿者。当有需要的时候，这些志愿者可以快速聚集起来，成为一支战斗力极强的铁军。2020 年，为了帮助“樊登读书”做好“读出生产力特训营”，“剽悍一只猫”团队在很短的时间内就组建了一支 200 多人的运营队伍，顺利承接了该训练营的运营工作。

我在 2022 年 4 月份做直播大事件的时候，也在一天之内组建出了近百人的工作组，帮助我一起完成了那次的直播大事件，创造了高额的营收。

交付的三种形式

交付的三种形式，分别为一对众、一对小众、一对一的服务，这三种交付形式各有各的优势。

1. 一对众的服务

这一形式适合解答大家共同的问题，这种交付方式是最节约时间、最高效的。具体方式就是通过微信群或者线上线下形式的课程来解答。但这种形式不可能一次性解决所有人的困惑，所以需要结合另外两种形式。

2. 一对小众的服务

就是把有类似困惑的人聚集在一起进行小班交付，例如我会把差不多时间报名的学员，或者定位类似的学员，组一个小群，开一些小灶班、答疑会等。因为有时一个人的问题，也会是其他人的问题，只是有些学员不知道自己有这种问题，自己问不出问题。这样的小灶班就很有价值，往往对一个问题的回答，可以启发到一批有类似情况的学员。

3. 一对一的服务

这一形式是在三个阶段都需要用到的，如果想要真正带学员做出成果，一对一手把手的辅导是少不了的。这种交付形式最耗时间，当然也是最容易出成果的，建议多用在我们的高价产品中。

这三种交付形式可单独使用，也可以组合起来使用。比如要教会大家一个技能，可以先采取一对众的方式，如果发现有人遇到了类似的卡点，就组织起来做一个一对小众的答疑。如果还有人有问题，就需要做一对一辅导了。

交付的两种途径

除了交付主体和交付形式，交付还分为两种途径：线上和线下。

其中线上更适合交付知识型的产品，比如教会大家一个知识点，训练一项能力。线上交付的优点是交付成本更低，很方便。

线下更适合交付个人成长、高维智慧方面的内容，这些内容往往需要一份体验感，也更能满足大家的情感诉求，增强我们跟学员和客户之间的黏度。

越是高价值的产品，越需要增加线下板块的交付，我的私董会每个季度都会举办一次线下交付。在线下交付中，学员的体验感和收获感都特别强。

三种交付形式和两种交付途径

节约时间 + 最高效	高价值 + 启发学员	最耗时间 + 易出结果
微信群形式 线上、线下形式课程	聚集类似困惑的人 小班/交付	手把手辅导 高价产品适用
1 一对众的服务	2 一对小众的服务	3 一对一的服务

三种交付形式

两种交付途径

1 线上	2 线下
 知识型产品交付 方便、低成本	 个人成长、高维智慧交付 强体验感、满足情感诉求、增加与学员和客户的黏度

标准化交付

经常有人问我是如何做到同时带近百名私教学员的，有时他们重交付十几个客户，就手忙脚乱、应接不暇了。而我之所以能够批量化，重交付又出结果，背后的秘诀就是：标准化交付。

比如，如果同一个问题被问了两次以上，就要做 SOP（标准作业程序）了，这样可以提升交付的效率。我们团队现在把很多的内容都做成了 SOP，例如新手直播的 SOP，写文案的 SOP，做大事件的 SOP。有了 SOP，再加上团队的跟进和指导，就可以释放更多交付时间。

同时，我们也要做好知识管理。如果你平时上过很多课，做过很多次答疑，也做过很多分享，那么你最好把这些内容都整理归档，避免重复交付，也方便学员查看。

为什么一定要做标准化交付？具体如何操作才能做到标准化交付呢？

为什么要做到标准化交付？

1. 对客户的好处

情感教练小C收私教学员的时候会给学员一张很清晰的计划表，

列出第一个月教什么，学员会发生什么样的改变；第二个月会交付什么，对方会有什么收获；第三个月、第四个月，甚至是一年后，学员大概会收获到什么样的成果。

标准化交付会让客户很有安全感，知道自己要去向何方，会有什么样的改变和成果，同时也能随时了解自己正处在哪个位置，当下进行到了哪一步，接下来需要做什么，这样客户也会非常的安心。

2. 对服务提供商的好处

对于服务提供商来说，标准化交付可以促使批量式交付，形成可复制的一套服务体系，在确保效果的情况下，增加服务人数。同时在思考 SOP 流程的过程中，也会让自己不断复盘：之前的结果是如何一步步产生的？每一步产生了什么样的效果？哪里需要优化？哪些无效的步骤可以删除？

标准化交付这个过程就好比我们不断优化“改变之旅”地图的最佳路线，带领客户更高效地取得他想要的结果。我们自己手里握着这张地图，随时知道每个客户或学员此时正处在哪个位置，下一步要带他们去往哪里，以便更好地为客户服务。

如何做到标准化交付？

想要做到标准化交付，可以从以下两个方面去思考。

1. 流程的标准化

我有一套标准的服务流程，具体如下：

第一步：先对客户的环境层面做详细的评估，并挖掘对方的梦想，引导对方思考自己的身份和使命。

第二步：为客户做深度的定位梳理、产品矩阵梳理，给对方布置作业，如修改朋友圈背景墙、出产品海报等。

第三步：过朋友圈文案关。先给他布置听文案课的作业，然后让专业的老师手把手带他修改一个月的文案，同时带他参加一次文案的匠心计划。

第四步：过成交能力关。让他听成交 7 课，参加成交的匠心计划。

这 4 步走下来，就已经形成了他的最小成交闭环，专业能力强的学员基本可以达到变现 3 万～5 万元了。

这是我培养了这么多私教学员后，梳理出来的最高效的交付流程。那我们如何找到适合自己的标准化流程呢？

① 需要先服务一段时间，摸索一下整个服务的流程。

② 有了一定的服务量之后，你就可以开始梳理自己的 SOP 流程了。先回忆一下对客户的服务流程，成交以后你为他先做了什么？后做了什么？把这些步骤梳理出来。

③ 换位思考，如果我是一个新客户或者新学员，我购买服务以后的期待是什么？我需要先知道什么？后知道什么？然后思考：如何才能尽快让新学员看到一点效果，有信心继续走下去？

④ 站在服务提供商的角度去思考，什么样的活动能让一个新学员尽快地出结果？

以上这些思考，可以帮助我们形成 1.0 版本的服务流程。在这个基础之上，不断复盘，发现有哪里可以优化，不断迭代成 2.0，3.0……最后形成最优的标准化流程。

2. 服务的标准化

我之所以能同时服务近百位私教学员，还有一个秘诀就是我有一支非常高效的团队。这是一个 7 个人服务一个人的专属团队，每个服务人员都有明确的岗位职责，会让每一个私教学员产生一种被专属服务的尊贵感。我的服务团队是这样配置的：

① 孔蓓：负责帮学员制定战略，做定位，做产品矩阵设计、变现路径设计、销售能力提升、高维智慧引领，被学员称为“优势挖掘机”“行走的 POS 机”。

② 查克博士：负责帮助学员进行能量提升，同时就学员的自我管理、商业思维、顶层设计、团队管理以及领导力提升给予指导。

③ 文案私教：指定专属文案私教，一对一辅导文案，文案修改服务时长为一个月。

④ 视频号私教：指定专属视频号私教，一对一辅导视频号一个月。

⑤知识教练：负责为学员提供所需要的所有参考资料、SOP 流程等，同时负责指导学员实操。

⑥ 陪跑教练：负责给学员提供心理疗愈和赋能，在学员迷茫时，为他们温暖赋能，并且帮助学员快速调整状态。

⑦ 学习助理：负责安排学员所有的与学习相关的事宜。

同时我们还设定了跟进流程，根据客户当下的情况，分类打标签，状态好的老学员一个月跟进一次，新学员一周跟进一次，最近有大项目的学员可能需要两三天跟进一次。把需要被跟进的人的名单排进每个服务人员的日程中，精细化地运作和服务。

有了专属的服务团队，还需要打造互帮互助的团队氛围。我的私教群是“混龄教学”，不管是什么时期进来的学员，只要还在服务期内，就在同一个群中。老学员会主动帮助新进来的学员，如此一来，老学员有了锻炼输出的机会，新学员一进来也会有一种温暖的感觉。我也鼓励学员彼此之间做生意引荐。所以每个学员不仅从老师、服务团队人员身上被赋能，也会从其他同门身上被赋能。

关于交付还有一点特别重要，那就是避免保姆式交付，多激发对方的思考和行动。有一些老师交付时感到很累，是因为他们把自己当成了保姆，学员一有问题就马上给出答案，导致学员越来越没有自己的思考能力。

孔子曾经说过“不愤不启，不悱不发”。对方如果没有经过自己的探索，没有经过自己的深度思考，很轻易地就获得了答案，那就是被剥夺了成长的机会。所以我们要抑制住自己“好为人师”的本能，在交付的过程当中多提问，引导对方自己思考。

如果有学员来问我问题，我都会让他们带着答案来对答案，而不是轻易地给他们一个回答。每次辅导完，我还要求对方复盘，加深对方对知识的消化和吸收，帮助对方更快成长，这样交付就会越来越轻松。

两个方面做到标准化交付

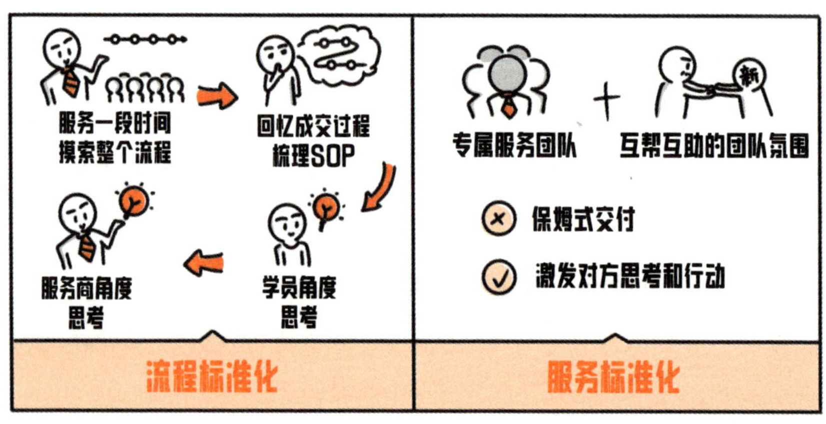

交付的最高境界是用生命影响生命

无论我们的定位是什么，其实最终都是借由我们手上有形或无形的产品及服务，帮助我们的顾客拿到自己想要的结果。

我在交付过程中发现，用同样的方法指导学员，有些人可以取得很好的结果，有些人的结果却一般，这到底是为什么呢？

在我和一些学员进行深入交流之后，我发现想要外在有好的结果显现，就需要一个人的内在有所成长。一切外在结果的呈现，只不过是内在的显化而已。

我过去的工作经历帮助我积累了丰富的培养人的经验。银行的培训工作训练了我如何在 2 ～ 3 天的线下课上帮助学员获得技能上的提升，让他可以很快拿到结果。直销的工作训练了我全人培养的能力，因为我对团队的陪伴是长期的，不仅有业务上的指导，同时也有时间管理、金钱管理、亲密关系、信念打造等方方面面的指引和帮助。

我将自己培养人的经验总结成了 6 个层次，可以帮助我更高效地培养人，帮助他们一点一点地蜕变，获得他们想要的结果。

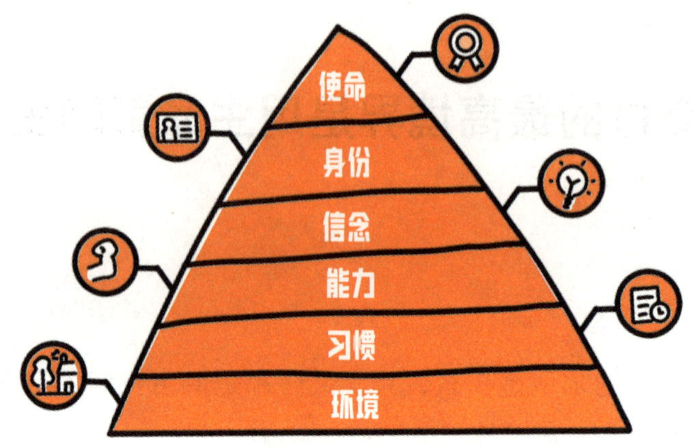

培养人的六个层次

环境层面：深度梳理，全面了解他

我在辅导私教学员小米的过程当中，发现她经常自我怀疑、自我纠结。经过认真梳理，我找到了原因。原来她曾经是一位非常优秀的微商团队长，但是后来因为供应商违约导致很多追随她的小伙伴都投资失败，团队全线瓦解，她自己也产生了深深的愧疚感和不自信。因此虽然我给她制定的方法都是最适合她的，却因为在落地的过程中她始终处于纠结状态，结果她自然就显现得比其他人慢，这又导致她更加怀疑自己到底能不能做好这件事。找到原因是解决问题的第一步，后来针对这个卡点，我们做了一系列的梳理，小米也慢慢重拾自信，这份内在的改变也最终体现在了变现的结果上。

对于每一个客户，我们都要先做一个环境层面的梳理和客观评估。环境指的是他们目前所拥有的资源，以及过去的所有经历。

如果你真的想改变一个人，你就要先了解对方，了解他的成长环境、童年经历、原生家庭，以及所有求学、工作的经历，还包括目前的婚姻家庭情况、人脉资源等，要根据这些信息做一个非常细致的梳理。

这样的梳理可以帮助对方客观地了解自己的现状，同时让对方理解这个层面的很多因素是短期内无法改变的，是不受自我控制的，让对方先接纳自己的现状，并愿意沉下心来慢慢改变。

习惯层面：在打卡中培养好习惯

习惯指的是我们可以通过养成哪些好习惯加速自己的成长，例如早起的习惯会让我们行动更高效，运动的习惯会让我们精力更充沛。在这个层面，我们可以通过刻意训练，帮助学员养成一些好习惯。

例如我影响了很多学员，帮助他们形成了每天帮助他人、种下好种子的习惯，包括前面提到的小米。当她开始把注意力从自己不够好转向帮助他人时，她就已经迈开了改变的第一步，心态发生了极大的转变，看问题也更积极、更正面。

如果你是一位瘦身教练，你就需要帮助学员养成固定运动、了解每一餐的卡路里的习惯；如果你是护肤教练，你就需要帮助学员养成定期做面膜的习惯；等等。

想要帮助学员和客户培养良好的习惯，打卡是个不错的工具。找到一个当下他最需要养成的好习惯，然后让他坚持 21 天打卡，最好一群人一起打卡，形成一个良好的氛围。

能力层面：因材施教，一个个能力来培养

能力就是一个人的核心竞争力，我们要帮助学员建立起这些核心竞争力，例如文案写作能力、沟通表达能力、销售能力等。我有一个帮助学员快速掌握一项新能力的方法——匠心打造计划。

我每个月都会举办一次匠心打造计划，目的是帮助学员在 10 天内快速突破某一项核心能力。我已经举办过朋友圈文案的匠心打造计划、一对一成交的匠心打造计划、视频号的匠心打造计划，每一次计划的效果都特别突出，学员的能力在 10 天内都能得到快速成长。

在这 10 天当中，我会给学员们布置一个明确的任务，例如 10 天中每天写 10 篇朋友圈文案，通过这 100 篇朋友圈文案，快速掌握写文案的核心技能。每一天，我都会分享一些干货知识，然后白天让学员用当天教的方法写朋友圈文案，晚上让大家互相点评，给出复盘建议。在这 10 天当中，为了帮助大家更有动力完成任务，我会让大家结对子，设置连坐机制，如果一个人没有完成，小组其他人都要受罚，这就大大提升了学员的任务完成率，因为谁都不想连累小伙伴受罚。10 天下来，很多人会惊喜地发现，自己过去很久都没有培养出来的能力，10 天就被“逼”出来了。而且有的人因为文案写得好，还产生了很多自动成交和咨询。变现效果好，也让参与的人更有动力。

这个计划也被我的学员用在了其他领域，例如微商团队长、保险经纪人等都用这个计划帮助他们的团队成员快速掌握专业能力。前文提到的小米也通过几次匠心计划过了文案关、咨询关，当她的心态变得更好、能力变得更强的时候，出结果就是自然而然的事情。更关键的是，她提升的不仅仅是这项能力，更学会了如何学习，真

正理解了什么叫“只要我不会，我就一定学，只要我学了，我就一定会”。

通过这项学习，学员们可以快速学会如何在一个技能上集中打磨，快速突破。

信念层面：思维一变，市场一片

信念就是一个人深深相信的东西。同样的方法用在不同的人身上，产生了截然不同的效果，往往是因为他们的信念不同。没有产生好结果的人往往有很多限制性的信念和卡点，这时我们就需要帮助他们去翻转那些限制性信念。

在培养学生的过程当中，我首先会通过沟通和观察，了解每一个人的思考模式，知道他行为背后的信念是什么。如果发现有明显制约他成功的限制性信念，我就会想办法帮助他打破负面信念，重新树立积极的正面信念。

例如小米有一个“我不够好”的信念，会因为自己的一些短板而不自信。其实这样的信念很多人都有，我就用了一个方法来帮她翻转信念。我让她列出所有觉得自己不够好的地方。她列出了自己专业不够强、人脉不够多等一系列短板。接下来我就帮助她一一“转念”。

有个公式特别好用：

正因为我……所以我更容易成功……因为……

用在小米身上，她可以说：正因为我现在的专业能力一般，所以当我通过学习不断精进专业能力后，我更能吸引像我这样的普通人，因为他们会见证我这一路的改变，从我身上看到了希望，我都能做到，他们会更有信心。正因为我人脉很少，所以我的成功就更有说服力。我会努力地去探索拓展人脉的方法，我的成功不是靠存量，而是靠增量，这个拓展人脉的能力将成为我的核心竞争力。

这个练习对很多人来说都特别有帮助，一下子就把他们的限制性信念给打破了，把短板变成了自己成功的理由。当然，想要突破一些比较根深蒂固的限制性信念，仅仅靠这个练习是不够的，需要我们深度陪伴，随时发现并帮助他们一点一点地清理和转念。

虽然信念的转化比较耗时间，但我特别愿意帮助团队成员或学员来做这件事，因为我有太多次地发现，思维一变，市场一片，就因为清理了一个限制性思维，学员就会发生由内而外的改变，有些甚至连相貌都改变了。如果我们要真正帮助一个人改变，我们就要去觉察他的限制性信念，并陪伴他一起改变。

思 考

- 写出所有你脑海里限制你成功的信念，通过翻转信念的造句练习，把它变成你成功的理由。

身份层面 / 使命层面：探索

这个体系中的最高层是身份和使命，同样，这个层面的改变也是最根本的改变。先来讲身份。

有一次我在跟一个做教育定位的学员沟通时，我赋予了她一个身份：阅读界的一代宗师。当我说出“一代宗师”这 4 个字的时候，她瞬间就哽咽了。后来她跟我反馈，这 4 个字给了她很大的力量，每次当她遇到挑战的时候，一想到她自己的身份是未来的一代宗师，她就会更有力量坚持下去。这就是身份的力量。

我也一样，当我的身份从一个创业者转为老师的时候，我看待客户的心态也发生了巨大的改变。因为作为一个创业者，我要去思考商业模式，考虑的是如何盈利；而作为老师，我需要毫无保留地去帮助学员成长。所以只有在和团队开会的时候，我才会切换到创业者身份，思考接下来的发展。在面对学员的时候，我是用老师的身份跟他们相处，学员能感受到我那份毫无保留地传授知识的热情，以及拥有创造 10 倍价值交付的体验感。

使命又比身份维度更高，一个人一旦找到了自己真正的使命，他的内驱力瞬间就会被打开。从 2015 年的时候，我就开始了关于我的人生使命的思考和探索，我到底想成为一个什么样的人？我人生的价值在哪里？带着这样的思考，我有时跟很多人交流，有时独自思考，也看了很多的书。有一本书上的一句话点燃了我：一个人的人生是否幸福成功，不在于赚了多少钱，住多大的房子，而在于他帮助多少人成为更好的自己。

当时这句话深深地打动了我，这就是我想要的：让每一个靠近我的人成为更好的自己，这就是我的使命。因此当我一接触到知识付费，接触到打造个人品牌时，我就知道这是我一直在寻找的事业。我相信每一个人都是一座宝藏，而打造个人品牌能让宝藏发光，我要“消灭”才华横溢的穷人，让他们的收入配得上自己的才华。

回首过去，无论我是在外企做高管，还是在直销一线带团队，或是做精力管理教练、恋爱教练、个人品牌商业顾问，无论我的标签怎么变，我始终认为自己是一个传道授业解惑的老师，我的使命就是培养人。我希望我能够像我的祖先孔子那样，往后余生能够发现、培养并陪伴72位一代宗师的诞生，我觉得这是一件特别棒的事情，我的人生也能因此获得价值！

我理解的一代宗师就是真正能够在各行各业发挥巨大作用，积极影响了很多人，并且有自己的传世之作，有能够传承自己思想之人的人。我还把这个大目标细化了一下，我要带领大家用两年时间年入百万，再用三年时间实现基本的财务自由（财务自由的标准就是在你所在的城市有一套贷款压力不大的房子，同时银行里有几百万的存款）。当我们实现了基本的财务自由之后，我们就有了被动收入，可以不用为生计发愁，这样我们可以腾出时间来做自己真正热爱的事情，可以花时间、花精力深耕。我相信只要在一个领域深耕10年或15年以上，只要用对方法，我们就一定可以成为一代宗师。一想到这个目标，我就非常兴奋，嘴角都忍不住上扬，无论是在写文章、做直播还是辅导学员我都一点也不觉得累，当发现一个人才时，我还会无比兴奋。

在我培养学员的时候，我也会引导他们开启自我探索之路，去思考自己到底想成为一个什么样的人，这样的思考对于大家心智的成熟、心态的稳定是非常有帮助的。一个人一旦找到了“点燃”他的使命和身份，就会形成强大的“自动波”。

思 考

- 你最终想成为一个什么样的人？在面对你的学员和客户的时候，你的身份是什么？

培养人的六个层次

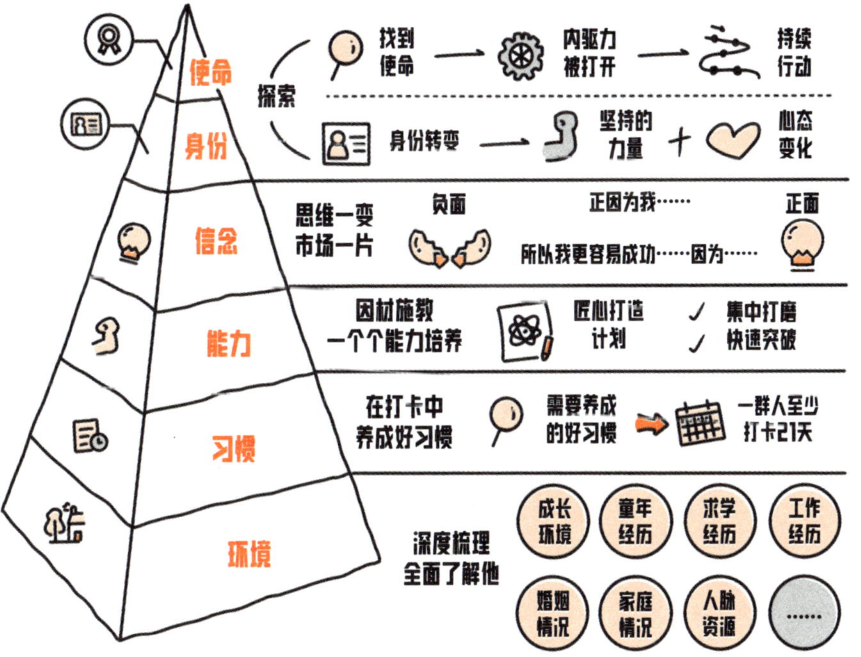

后记

本书献给我的家人，以及给予我帮助和支持的所有人。特别要感谢我身后最坚实的靠山——我的学员们，是你们的信任给予了我力量！

耗时 18 个月，梳理了 20 多年的营销心得，修改了 100 多遍，我终于完成了这本书。感慨之余，更多的是溢满心田的感动！

写这本书，对我而言是一条漫长而有挑战的路。写作过程中，我不断推翻迭代，仅弃用的文稿就有 30 万字，相当于写了 4 本书的工作量，过程如此艰难，人生第一次辗转反侧竟是因为这本书。但幸运的是，我也获得了很多人的支持和帮助，没有他们，就没有这本书的诞生。

感恩我的父母，他们为我承担起照顾儿子的责任，让我可以全身心投入事业之中，无后顾之忧，他们永远都是我最坚实的后盾。

感谢我的公婆，虽然没有日日相伴相处，但是他们经常到我的直播间中观看，给了我最朴实温暖的支持。

感恩好友游侠、思莉校长、璇老师、大雄、剑飞、张家瑞、高太爷、老秦、彭芳、南宫北、孟慧歌、一伊、饼干酱，他们在我的写作过程中，给予了我很多鼓励和能量，让我持续坚定写作的信心。

感恩我的学员、团队伙伴和粉丝们，他们用自己的方式参与了这本书的试读和改写，为我提出了很多宝贵的意见。

尤其要感谢独立出版人晴山及团队、维忆（夏文芳）和禅猫，他们对我这本书的出版给予了极大的支持和帮助，在我好几次写作卡顿时，他们及时给予我专业的指导和建议，让这本书最终能问世并与广大读者见面。

特别感谢剽悍江湖、亮心私塾、Angie 价值变现私董会、一九个人品牌私董会、恒星私董会、行动派、菁凌研习社对于本书的大力支持。

这本书凝聚了我 20 多年的营销实战经验，还有我和以上这些人一年半的共同努力，终于完整地呈现在你的面前。

如果你想与我们深度联结，欢迎扫描我的企业微信，加入我们的共读群。

每个人都是一座宝藏，每个人都有光，宝藏的相遇一定会挖掘出无限的惊喜，让我们一起闪耀整个银河。